風水感應的秘密

Secrets of Fengshui Induction

簡崇濯◎著

「宗教與時代叢書」總序

　　「宗教」是什麼？關於宗教的定義，學者眾說紛紜，從信仰者、觀察者、研究者的不同角度或角色、領域，都表達不同的定義。我個人較偏重從實踐角度看，宗教是由對神秘的超人間力量的信念所激發，以之為核心，又與之相適應的情感體驗、思想觀念、行為活動，和組織制度的社會體系，這當然是側重人類社會生活的，因此吾友楊恭熙牙醫師（故台大楊雲萍教授之子）簡潔俐落、精簡扼要的說宗教是「解決人類生之困頓，死之安頓」最深得我心。宗教存在的意義與作用，構建在解決兩個世界的問題，一個是現實世界，一是超現實世界的彼岸。在現實世界中，人所遭受的種種不幸和苦難，或給予滿足，或給予解脫。生之前的我是誰？在何處？以及死之後何去何從？是否會解脫？因果報應？或輪迴？等等疑問莫不困擾全世界各社會階層的人。

　　也因此，不能解決人類古今生死大問題的宗教，個人認為是不必存在的，也不必研究的。同理，宗教又具有強烈的時代性，人類社會每一時代都有其新問題、新困擾，宗教必須與時俱進，提出不同的論述與解決方法，否則極易衰落消歇。而每一時代總會出現許多新興宗教和教派，其目的正是要解決新的社會問題。

　　這套叢書的編輯出版正是基於此種目的，編輯體例有四：(一)為適應現代人忙碌生活，方便閱讀，以輕、薄、短、小形式出版，

因此字數限定在五至十萬字左右。(二)為顧及讀者閱讀習慣,不收純學術著作,更希望是通俗性的、具有可讀性,但內容要言之有物,信實可徵,不是宣教著述。(三)古今兼收,不管是研究古代的或現實的,其中當然以現實的、時代的著述為優先考慮。(四)本叢書的「宗教」定義是廣義的,因此含括民俗,因台灣民間宗教與民俗分不開,宗教落實於日常生活,民俗體現宗教意涵。

　　本叢書不以主編個人熟悉的朋友、學界為限,有志者若有相關稿件,闔興乎來,共襄盛事,十方來,十方去,共成十方事,可逕予聯絡揚智出版社編輯部,或本人任教之佛光大學!

佛光大學宗教所與歷史系合聘教授

卓克華　謹誌

于三書樓

自 序

　　從很年輕的時候開始，筆者就對中國的神秘文化產生濃厚的興趣，尤其是星相命理或風水，更是憑藉著一股莫名的狂熱，展開窮無止盡的探索，以為這樣就可以揭開生命的奧義，孰不知愈深入研究，反而愈覺得生命的無可限量，竟是那麼難以去認識和掌握，本以為習得風水真可以如《葬經》所言：「奪神功改天命」，卻不知人生經常有太多的境遇，並非人力所能籌謀，古人云：「冥冥中自有定數」，相信人類的智慧，往往就是在這個定數所形成的洪流當中，經過一番浮沉的經歷以後從而得到啟發，體會「萬緣由心造」的道理，改造命運的方法，最終還是回到生命的本源，從心性與道德的修養開始做起，在心志的砥礪過程當中，從而對生命的轉折，有了新的認識與詮釋。

　　本書之所以選擇風水的感應原理，作為撰寫主題，最主要還是把多年學習風水的一些心得，加上古文經典和生命多重結構理論結合予以重新詮釋。整個思想脈路的發展，是在中國傳統哲學和風水經典以及現代科學哲學為基礎下，舉出四個議題：一、聲、氣信息感應。二、形、氣信息感應。三、生氣信息感應。四、風水信息感應原理，作為探討主軸並展開論述。

　　風水一詞，自古以來即存在相當濃厚的功利思想，好的風水幾乎與「榮華富貴」劃上等號，希望本書所呈現的內容，能夠讓社會

大眾了解風水的本質，並在不同的面相之下有所省思。

　　最後謹以此書，獻給我最敬重的師長，宋光宇教授和陳國鎮教授，願他們在天之靈能夠得到安息。

簡崇濯
2017年陽月寫于蘭陽洗塵軒

目　錄

第一章　緒論

中國的農業文明約發源於七、八千年前的新石器石代（張光直1986），其主要的生產方式是以土地、陽光、空氣、水、種子，配合勞動力，而取得生產作物之回饋以供生養，在農業生產過程中，所運用之資源，除了生產者本身所具有的勞動力以外，其餘皆取自於大自然，因此了解自然現象的變化，成為生存的必要條件，從歷史經驗的累積中，先民認識到自然的循環演變，有其固定的軌跡，萬事萬物的存在皆隱含著相互聯繫的關係，並處在和諧平衡的狀態中作有序的運動。因此因應自然的變化，融入自身和大自然保持和諧狀態，成為生存與生命繁衍的不二法門，於是先民更進一步透過對自然存在的方式，及其屬性之認識，建立起天地人合一的宇宙系統圖象，從而把握各種自然現象，類比人倫社會，建構出一套生存與生活之價值觀念與法則，而「居住」與「埋葬」亦由此序列中展開，發展出了一套相當獨特的文化，簡稱之為「風水」。

中國的風水理論主要是以傳統哲學為基礎，在天人合一的宇宙觀中所發展出來的思想體系（劉沛林，2000：1-21；蔡達峰，1995：204-211；亢羽，1999：17）。從19世紀中國門戶洞開以後，首先與中國文化接觸的歐美傳教士，對於風水理論的研究大都偏向於從人類學的角度探討風水存在的文化與社會現象，如：Edkins, J.（1871-2）、Eitel, E. J（1873）、De Groot, J. J. M.（1892-1910）（楊昭譯，1999：27）等，即至目前為止也大都延續這個方向或歸納為以下三類：

1.從環境景觀生態學和美學之角度探討風水園林景觀、建築之物理空間和人文意象之代表意義。

2.從哲學的角度探討風水思想之內涵。

3.純粹從技術上探討風水之操作法則。

　　以上三類範疇之外，鮮少有就支撐風水理論的另一層天人感應關係，作深入的探討與研究，例如託名郭璞《葬經》中所論述的「葬乘生氣」理論和「氣感而應，鬼福及人」之原理即少見於相關文獻與著作。

　　在中國古籍文獻中，對先民選擇規劃城市聚落和宮室等活動，曾作相關之記載，如《詩經》中的〈公劉〉、〈綿〉、〈文王有聲〉、〈斯干〉、〈定之方中〉及《尚書》中的〈堯典〉、〈禹貢〉、〈盤庚〉、〈召誥〉、〈洛誥〉等等，按《詩經·大雅·公劉》記載周氏族首領公劉遷都於豳之選址過程：「篤公劉，既溥既長，既景乃岡，相其陰陽，觀其流泉……度其隰原……度其夕陽，豳居允荒。」和《尚書·洛誥》載周公卜宅洛邑：「我乃卜澗水東，瀍水西，惟洛食。我又卜瀍水東，亦惟洛食」，依唐初呂才《敘宅經》：「《易》稱上古穴居而野處，後代聖人易之以宮室，蓋取之大壯。逮乎殷周之際，乃有卜宅之文。故《詩》稱相其陰陽，《書》之卜惟洛食此則卜宅吉凶其來尚矣。」呂才所稱之卜宅之文，就是指前揭《詩經》和《尚書》文獻，這些資料可以說是中國風水術之濫觴，亦為風水理論之經典。

　　從公劉跋山涉水，相度地理日照的選址過程當中可以了解其內容尚包括了山水陰陽之審視，按《周易》：「一陰一陽之謂道」及《老子·四十二章》：「道生一，一生二，二生三，三生萬物。萬物負陰而抱陽，沖氣以為和。」以及《莊子·田子方》：「至陰肅

肅，至陽赫赫。肅肅出乎天，赫赫發乎地，二者交通成和而萬物生焉。」《尚書大傳》：「五行……謂之行者，若在天則五氣流行，在地則世所用也。」

從上文中可以發現古人是把道和陰陽二氣之運動，以及所化生之五行，當作是宇宙萬物共同的生成和發展之根源，並認為在同源關係作用下天地間的運動和人類息息相關，如周幽王時三川地震，伯陽父認為：「夫天地之氣，不失其序……陽伏而不能出，陰迫而不能烝，于是有地震。」把地震的原因歸結為陰陽失序所致。這就是把天道自然的運行當成是規律而有序的概念，所以老子說：「人法地，地法天，天法道，道法自然」就是把自然當成是一個有機體，人類社會的道德倫理與活動，都與天地自然維持在和諧有序的平衡關係中，在相同的構架上與自然展開同步運動，這種哲學思想就是中國「天人合一」的宇宙觀。

除了行為上與天地維持和諧關係以外，孟子以：「盡其心者，知其性也。知其性，則知天矣。」把人的心性修養亦和天道結合在一起，以知性即能知天，說明在人類與自然萬物同源同構之基礎上，透過心性之修養可以與天地相應的思想理論。

一直至二漢時期所建立的宇宙觀仍是以天、人、社會為類比範疇，並為相互感應的萬有秩序系統（呂理政，1990：44），這種天人合一的宇宙觀歷經數千年的演變，已經深植在中國社會當中，成為一種相當典型的文化思想，並展現在哲學、美學、園林景觀建築藝術和風水等思想行為上。

李亦園教授就是從「中和位育」之概念下提出風水是天與自然界的秩序體系中的空間關係之次體系，並與人倫社會共處於中和

狀態，所以認為風水的原則是為了使人的營造物和自然環境相調
合以保持均衡而存在（李亦園，1978：189-190；楊昭譯，1999：
156）。16～17世紀羅馬天主教傳教士利瑪竇在其《利瑪竇中國札
記》中就記敘了中國以氣和陰陽五行作為萬物根源之哲學思想（何
高濟等譯，1983；王蔚、戚珩，1992），19世紀英國傳教士伊特爾
（Ernest J. Eitel）在1883年出版的《風水：古代中國神聖的景觀科
學》（*Feng-Shui: The Science of Sacred Landscape in Old China*），
在論及中國風水理論的自然哲學基礎時，以理、氣、數、形作為歸
納體系，並認為中國哲學眼中的物質世界，不是處在孤立無關的靜
止結構中，而是相互作用的自然有機整體觀，只是因為利瑪竇和依
特爾受限於西方神學訓練之背景和傳教士的角色，所以對中國這種
傳統自然觀並沒有給予客觀的評價，只是以迷信來予以否定（王
蔚、戚珩，1992），其後的研究學者如Frazer的巫術論（1911）、
Weber的中國巫術帝國論（1947）等，也都抱持這種偏見，以野蠻
之異文化看待，一直到1960～1970年代，一些人類學研究學者如
Freedman（1966）、Baker（1965）、Feuchtwang（1972）、Ahern
（1973）才開始對中國風水有較正面的看法，同時也有了較為持平
之研究與討論（楊昭譯，1999：143）。

　　晉‧郭樸所著《葬經》向為風水理論之經典，其中所論述的
「生氣」理論和「信息感應」原理亦為風水學中之圭臬，因中國傳
統哲學認識事物的方法一向偏重於內向思考，其認知的途徑是經由
身體的高度鍛鍊，擴大心靈的知覺，達到「物我合一」之境界，從
而感應宇宙萬象之原理（歐崇敬，1993：45），因此經由這種知覺
體系所發展出來的哲學觀，往往存在著強烈個人主觀意識，從《葬

經》成書以來，相關的古典注釋和解說對於感應的原理大都語焉不詳，無法確切的了解其深刻的意涵。所以筆者特別引用陳國鎮教授的「生命多重結構」理論，對傳統哲學中的宇宙觀，包括老莊的道與氣和神、魂、鬼、魄等思想概念予以重新定義和詮釋，並從「聲、氣感應」、「形、氣感應」和「生氣感應」等三個方向來切入作為探討之議題。

對於風水所產生的之信息感應研究，筆者是站在原理詮釋的角度，把研究範圍界定在哲學性的思辯和相關歷史文獻經典之探討，並輔以近代發展之科學哲學，在思想之原理上從不同的觀點作補充解釋。

本文所引用的「生命多重結構」理論在信息的觀點上是以佛家的六識說──包括眼、耳、鼻、舌、身、意（大腦）和心靈，來類比人體收發信息的知覺系統，並以心靈為該系統之中樞，對各種感官知覺所得到的信息，作出判讀和指示，因為味覺、觸覺和嗅覺，在風水信息感應的經典上較少提及，所以本文將以視覺、聽覺和心靈之感應作為探討之對象，並以「聲、氣感應」、「形、氣感應」和「生氣感應」作為探討之議題。

一、聲、氣感應

「堪輿」一詞按許慎的注解是：「堪，天道也；輿，地道也。」也就是指天地自然運行之規律，在古人的宇宙觀裡這些規律是由氣和陰陽、四時、五行、六氣、八風、八卦等來說明，因此

從《淮南子‧天文訓》：「堪輿徐行，雄以音知雌」，「故律曆之數，天地之道也」，可以知道在天地運行當中，由陰陽氣化所衍生之天地萬物，彼此間之聯繫與運動和聲音有密切的關係。

據《漢書‧律曆志》載：「黃帝使伶倫……取竹之解谷……聽鳳之鳴……是為律本」以及《呂氏春秋‧大樂》：「帝顓頊好其音者，乃令飛龍作效八風之音。」、「形體有處，莫不有聲」等等說明最早的音樂源自於對自然之聲的模仿，而自然萬象即為音樂之源頭。按《禮記‧樂本》：「樂者，音之所由生也，其本在人心感於物也。」、「樂者，心之動也。」和《呂氏春秋‧大樂》：「音樂之所由來者遠矣，生於度量，本於太一。」

文中「度量」指的是「人心」，「太一」指的是「氣」，這些都是古人在探討音樂之本源時認為：音樂來自於自然萬物，亦起自人心，而心亦為認識萬物之本源，因此在心與物與樂同源同構之關係作用下，基於萬物同聲相應、同氣相求之原理，發生感應之現象（蔡仲德，1993）。所以古人就把樂音的運動當成是氣的運動，並以《禮記‧樂象》中的「順氣」和「逆氣」來說明心、物、樂三者之間的交互作用在情志上的反應，即「順氣」表示樂為和諧、為貴為吉，「逆氣」即表示樂為乖逆背節，為賤、為凶，因此在漢朝盛行且為王充所批判之《圖宅術》即是以宮、商、角、徵、羽五音和五行生剋作為住宅吉凶之占斷法則。另據《漢書‧藝文志》提到以《宮宅地形》為代表之形法占：

> 形法者，大舉九州之勢以立城郭室舍，形人及六畜骨法之
> 度數，器物之形容，以求其聲氣貴賤吉凶，猶律有長短，

而各徵其聲，非有鬼神，數自然也。

也是以氣之順逆原理，以形貌結構端正妍美者為順；以形貌結構不正醜陋者為逆氣，把視覺對物體之形象結構和外表型態之認知，轉化為聽覺上的聲音，以有形必有聲之原理，說明形象之貴賤吉凶，其實這些都是源自於聲氣感應原理。

堪輿一詞與風水聯繫之相關論述最早出自三國魏人孟康：「堪輿，神名，造圖宅書者。」孟康所言出處不詳，但從王充《論衡‧詰術篇》所批判的五音姓利之說和唐代呂才、賈公彥之考據，孟康所說的《圖宅書》應該就是漢時堪輿家流傳的《圖宅術》（蔡達峰，1995；史箴，1995），呂才《敘宅經》云：

> 至於近代巫師，更加五姓之說，言五姓者，宮、商、角、
> 徵、羽等，天下萬物，悉配屬之，行事吉凶，依此為法，
> 然而驗于經籍，本無斯說；陰陽諸書，亦無此語；直是野
> 俗口傳，竟無所出之處，唯按《堪輿經》黃帝對於天老，
> 乃有五姓之說。

呂才所稱出自《堪輿經》的五姓之說，即為五音姓利之說。唐代賈公彥疏東漢鄭玄注《周禮》談《堪輿》書之考證曾謂：「古黃帝時，堪輿亡，故其書亡矣」，可知造《圖宅書》者，在黃帝時已亡，而黃帝之重臣天老尚知其術，故每有「黃帝問天老事」，後人撰書則以「堪輿」為名並假託神人所作，故而呂才稽之不見於經籍。按王充〈詰術篇〉云：

> 《圖宅術》曰：宅有八術，以六甲之名，數而第之。第定

名立，宮商殊別。宅有五音，姓有五聲。宅不宜其姓，姓與宅相賊則疾病、死亡、犯罪、遇禍」。又引：「圖宅術曰：商家門不宜南向，徵家門不宜北向。則商金，南方火也；徵火，北方水也。水勝火，火賊金，五行之氣不相得，故五姓之宅，門有宜向，向得其宜，富貴吉昌；向失其宜，貧賤衰耗。

可見唐朝間所傳之《堪輿經》為漢時《圖宅術》之傳承（史箴，1995）。

堪輿家之五音姓利說於呂才之後尚有僧一行所撰《五音地理新書》三十卷，和宋初欽天監楊惟德撰呈宋仁宗之《塋原總錄》和見載《宋史・藝文志》之《五音地理詩》、《五音地理經訣》、《五音三元宅經》、《五姓合諸家風水地理》等等。

風水術於漢代曾有「形法家」與「堪輿家」之分，演至唐宋以後則分為「形勢宗」與「理氣宗」二大派，前揭五音姓利說可歸類為理氣宗，因其多言陰陽五行生剋以斷吉凶禍福之故也，可見理氣宗為漢之堪輿家所一脈相承。

二、形、氣感應

風水一詞語出《葬經》：「氣乘風則散，界水則止，古人聚之使不散，行之使有止，故謂之風水。」但是《葬經》是否為郭璞所著？歷代學者均持保留態度，如清代紀昀主編《四庫全書總目提

要》即認為可能出於唐宋間之偽託。在內容上該部經典，曾經宋朝學者蔡元定和元朝吳澄刪篇且甚為後代研究者所推崇故以《葬經》為名，從《葬經‧內篇》引用的「經曰：」文義顯示原著作者似乎是在引用某部形法之術書來說明形法占之原理（蔡達峰，1995），按李零先生的研究（1999：35、36、85），占卜在古代是指和宇宙或天地有關之數術知識體系，其學理和形象及數理邏輯概念有關，按《漢志‧數術略》占卜之分類共有：天文、曆譜、五行、蓍龜、雜占、形法等六類，其中的形法是屬於相術。內容包括相地形、相宅墓、相人、相畜、相刀劍、相土宜（和農業、養殖有關）等，其法是從「象」的角度觀察人與物的外部特徵，包括形勢、位置、結構、氣度等等，作為評斷準則。

　　《漢書‧藝文志》在五行類中提到已經散佚的《堪輿金匱》十四卷和形法類《宮宅地形》二十卷，曾云：「形法者，大舉九州之勢以立城郭室舍，形人及六畜骨法之度數，器物之形容，以求其聲氣貴賤吉凶，猶律有長短，而各徵其聲，非有鬼神，數自然也。」其中漢書作者班固為何在形法中要把相宅和相人、畜以及相器物歸類在一起？元代的趙汸在《葬書問對》中認為：「夫山川起止合散，其神交氣感，備百物之情，故地形之書與觀宮宅人物者，同出一原。」從句中「神交氣感，備百物之情」可以知道山川的形體與行止和感應原理有密切的關係。

　　從《葬經》的內容可以發現整部經典是在「葬者，乘生氣也」之理論指導下，以「氣乘風則散，界水則止，古人聚之使不散，行之使有止」之特性和操作原則，尋找符合風水所定義之地形景觀，因此從思想源流來看《葬經》的理論應當是延續形法之占斷法則，

以山水量體之結構形狀和氣勢，透過視覺達到信息感應之方法。

按《漢志‧數術略》之分類風水為屬於形法占體系亦為相術之一種，在學派分類上則為屬於形勢宗。

在先秦著述中以形勢為主題之論述有《管子》中的〈形勢〉、〈形勢解〉諸篇，及《孫子》中的〈形篇〉、〈勢篇〉和《周禮‧地官》亦有載過「形體之法」，班固《漢書‧藝文志》：「形法者，大舉九州之勢以立城郭室舍」可能為先秦「形體之法」之傳承（王其亨，1995：95），據班固記載有關形法之著述尚有《國朝》七卷、《宮宅地形》二十卷和《山海經》十三篇等，從《詩經》記述篤公劉遷都於豳的選址過程：「既溥既長、既景乃岡，……觀流泉……度隰原」和東漢張衡《冢賦》：「載輿載步，地勢是觀。降此平土，陟彼景山，一升一降，乃心斯安」則是記載古人相度城市、陵墓風水形勢之實踐過程。

所謂形勢即指山川地理之形勢，其內容包括龍、砂、水、穴四種（戚珩、范為，1995）龍為山之形容詞，按《管氏地理指蒙》：「指山為龍兮，象形勢之騰伏」；「借龍之全體，以喻夫山之形真」。亦有將山形之延綿走向稱為「脈」，而以龍脈或山脈合稱之，按《地理人子須知》：蓋取象「人身脈絡，氣血之所由運行」，因此所謂的「尋龍捉脈」或「來龍去脈」其實皆指風水家論說地理形勢的專門術語。

「砂」含有群體的概念，統指前後左右環抱的群山，並與來龍或是持達秀麗的主山，呈隸從關係，如《青囊海角經》：「龍為君道，砂為臣道；君必位乎上，臣必伏乎下；垂頭伏行，行行無乖戾之心；布秀呈奇，列列有呈祥之象」，風水家把東西南北四方向以

星宿為名，以表示方位，如《地理人子須知》：「《曲禮》注云：朱雀、玄武、青龍、白虎四方宿名也。然則地理以前山為朱雀、後山為玄武、左山為青龍、右山為白虎，亦假借四方之宿以別四方之山，非謂山之形皆欲如其物也」。其相度法則按《葬經翼》：「以其護衛區穴，不使風吹，環抱有情，不逼不壓，不折不竄，故云青龍蜿蜒，白虎馴俯，玄武垂頭，朱雀翔舞」，說明了砂體在形勢宗的操作法則。

相度風水除了觀山形外亦須察水勢，風水家認為，氣無土不行，氣為水之母，故山水相依，氣則界水而止，所以《葬經》云：「風水之法，得水為上」。《管子·水地》篇：「水者，地之血氣，如筋脈之流通者也」，將水比喻為人之筋脈，可見水之重要。《管子·度地》云：「水之性，行至曲必留退，滿則後推前，地下則平行，地高則控，杜曲則搗毀」，說明了水之特性。《管氏地理指蒙》談到察山觀水之原則為：靡不「以人之意，逆山水之意，以人之情，逆山水之情」，說明了山水選擇在美學的另一個面相。

「穴」按《葬經》：「葬者，乘生氣也」，又云：「形止氣蓄」，表示土中生氣聚集之處即為結穴之所在，按《葬經翼》云：「穴者，山水相交；陰陽融凝，情之所鐘處也」，「穴以藏聚為主。蓋藏聚則精氣翕集，暖而無風，暖則無水，無風則無蟻，三害不侵，則穴得矣」，皆說明穴在形象上的描繪。

《葬經》云：「內氣萌生，外氣成形，內外相乘，風水自成」，就是在說明結穴之處應在龍、砂、水、重重關欄，內斂向心的圍合中，這種形勢既可倚靠周圍山以拱抱阻禦風砂，迎納陽光，陰陽和合，形成良好的之生態小氣候，另一方面龍、砂、水重重包

圍盈盈向我，賦與情感豐富的感受，從而得到遊目暢懷之心性寄託（戚珩、范為，1995：114）。

　　龍、砂、穴、水的相度原理按《葬經》所述，旨在「葬乘生氣」，有關生氣的全文按《葬經》的解釋：「夫陰陽之氣，噫而為風，升而為雲，降而為雨，行乎地中，而為生氣」，表示生氣是隱藏在地中行走而難以察知，按清·孟浩《雪心賦正解·辯論篇》及《葬經翼》云：「形者氣之著，氣者形之徵；氣隱而難知，形顯而易見」，「氣吉，形必秀麗、端莊、圓淨；氣凶，形必粗頑、欹斜、破碎」，表示形為氣所構成，所以形的動靜起止就是氣的外在表現；形動則氣動，形止則氣止，形狀端正圓滿則氣吉，形態粗頑不端正則氣凶，所以《葬經》云：「千尺為勢，百尺為形，勢來形止，是謂全氣，全氣之地，當葬其止」，「形止氣蓄，化生萬物為上地也」，又云：「形如覆釜，其巔可富。形如植冠，永昌且歡。形如投算，百事昏亂。形如亂衣，妒女淫妻」，就是把山形的動靜和美醜作為判斷吉凶禍福之依據和生氣止蓄之所在。

　　天津大學徐蘇斌引德國完形心理學家勒溫（Kurt Lewin, 1890-1947）的心理場或稱「心理生活空間」（psychological life space）研究認為：中國風水中的氣，即為具拓樸幾何特徵的場，按拓樸學（Topology）的概念，心理場為沒有大小尺寸，和固定形狀的形勢幾何學空間，心理場和現實的物理場（即環境空間）共處於一個大系統中，優美的環境空間為心理空間的物化體現，二者間之聯繫類似風水中的「氣」與「形」之聯繫，「氣」為心理場，「形」則指圍繞氣的環境，「氣」沒有大小、形狀具有不可見和不可測量之特性，正如「氣隱而難知」之描述，可以類比為心理場的拓樸特徵。

「形」之「顯而易見」之描述類似物理場的歐幾里德幾何特徵，既可見又可量測，二者共屬一個整體。

環境空間的運動和變化會引起氣場之變化，而氣場的變化會引發心理在情志上的反應如喜、怒、哀、樂等等，一般而言，人處在具有屏蔽圍合之空間下心情會較輕鬆而有安全感（徐蘇斌，1995），而風水中在左青龍、右白虎、前朱雀、後玄武所圍合的空間即具有這種相同的特性。

俞孔堅先生則從人類進化和文化的生態經驗角度認為：盆地型的圍合空間是原始人類滿意棲息地的原型，因為中國農耕文化定型和發展過程中的盆地經驗，強化了這一原型的某些結構特徵從而產生風水學說的邏輯思辨，因此並不是風水理論引導出「理想風水景觀模型」而是中國人內心深處的文化基因所產生之「理想景觀模型」和「理想風水景觀模型」相嵌合，才有風水學說的產生（1998：136）。俞孔堅先生是從人類生態學的角度作出風水假說之評斷，而徐蘇斌先生所引用勒溫之完形心理學（或稱格式塔心理學，Gestalt Psychology）是從物質／心理的角度探討人類的知覺反應，二者皆是從物質科學的角度所衍生出來的研究，並無自然整體觀的思想背景，和中國風水天人合一的宇宙觀有所不同。

三、生氣感應

《葬經》的中心思想在於「反氣納骨」和「乘生氣」理論，如何乘得生氣以至於造福後代子孫，《葬經》提供了地形選擇的方

法，但是若論及反氣納骨之目的時，從《葬經》中的「奪神功改天命」似乎又和道家的重生哲學及歸根返元之思想有關，從近代學者的研究（詹石窗，1994：97；高友謙，1992：23）和吳澄所注解的「神氣復萃」原理，也似乎支持和道家有關之看法。

　　「乘生氣」和「反氣納骨」為屬於形而上的心靈感應作用，心靈又稱靈魂，古希臘哲學對於靈魂的看法有相當多的探討，如蘇格拉底認為：死亡是靈魂與肉體的分離，靈魂是不能消失的物質，只是改變形式存在於「死亡國度」；柏拉圖則認為：靈魂是聖潔而永恆，不因人類的情感和感覺而受到污染，理想的靈魂是高於物質而存在的東西，亞里士多德，則把靈魂定義在功能和特性之上，如斧頭若不鋒利即不成為斧頭，靈魂讓眼睛展現視覺功能，因此視覺可以說是眼睛的靈魂，靈魂則依靠肉體而存在，所以當肉體死亡時靈魂即毀滅。現代學者沃爾夫（Fred Alan Wolf）則認為靈魂始於初生，終於宇宙死亡，靈魂的作用則在彰顯物質和能量之存在和量子力學有關（呂捷譯，1999：13），陳國鎮教授的「生命多重結構」兼具蘇格拉底、亞里士多德以及Wolf的面相，認為當生命存在時靈魂與肉體結合，展現生命在物質方面的功能與特性，這點和亞里士多德的理論相同，當死亡時靈魂脫離肉體成為另一種生命型式的存在，這個特點和蘇格拉底看法相同，生命的原初來自於心靈而心靈又來自於宇宙初生的虛無空間所存在忽有忽無的粒子和量子力學有關，這些看法又和Wolf的看法相同，總的來說生命包含心靈、信息、物質、能量四層結構，萬物皆有心靈，山有山靈、水有水靈，只是信息的傳遞方式，在人類而言各有不同的模式，因而有不同的分類和感應，《文言》乾卦九五爻曰：

九五曰，飛龍在天，利見大人，何謂也？子曰：同聲相應，同氣相求，水流濕，火就燥，雲從龍，風從虎，聖人作而萬物睹，本乎天者親上，本乎地者親下，則各從其類也。

《葬經》：

經曰：氣感而應，鬼福及人，是以銅山西崩，靈鍾東應，木華於春，栗芽於室。

《周易·繫辭傳》：

方以類聚，物以群分。⋯⋯易無思也，無為也，寂然不動，感而遂通天下之故。

上文就是在講述萬物因同聲相應、同氣相求、物以類聚的感應原理。

郭璞《葬經》的內容主要是以「葬乘生氣」作為主題，提出形勢宗的相關理論作為居室及墳墓選擇之方法，但是在生氣和骨骸與現世子孫之間如何作用，以達到「葬者反氣納骨，以蔭所生之法也」和「氣感而應，鬼福及人」？

按《四庫全書》所收錄之版本吳澄原注「葬乘生氣」所以能感應後代子孫之原理在於物質（骨骸）上的血緣關係加上心靈上的感應所致：

父母骸骨，為子孫之本，子孫形體，乃父母之枝，一氣相應，由本而達枝也，⋯⋯以父母遺骨藏於融會之地，由是

子孫之心寄托於此，因其心之所寄，遂能與之感通。

除了血緣加上心靈可以感通以外，吳澄另外提出一種看法，認為即使無血緣關係，單靠心靈亦能感應：

> 或謂抱養既成，元非遺體，僧道嗣續，亦異所生，其何能蔭之有？而不知人心通乎氣，心為氣之主，情通則氣亦通，其絕則應亦絕，故后母能蔭前母子，前母亦發後母兒。其在物則蔓藪螟蛉之類是也，肖何能疑焉（引自四庫全書《葬書》原注）。

這就是把物質上的感應提升到心靈層次，根據Baker所作的研究報告：埋葬非親族之行為，是屬於葬者與被葬者之間的關係，但從被葬者身上得到利益的現象有其實例（1979a：20；楊昭譯，1999：56）。

吳澄「本根達枝」之概念，日人村山智順從人類學的角度認為：在中國社會裡子孫之所以重視祖先之墳墓主要來自於「大樹分支」的理念，認為只要培育本根，即可達到枝葉茂盛的效果（村山智順，1931：12；渡邊欣雄，1989；楊昭譯，1999：47），因此如能讓祖先葬埋吉地，乘得好的風水，也是一種孝道的回饋，而子孫亦可從感應關係中得到繁榮之發展（De Groot, 1894, cf；胡小池，1984：156-161；楊昭譯，1999：42）。

因此風水可以說是測定「氣」這種神秘力量的方法（戴國輝編，1986：158），其操作原則就是「迎生氣，避煞氣」（Feuchtwang, 1972: 115-116；楊昭譯，1999：13），這種致福的

動線關係為：風水之生氣→祖先→子孫，為屬於單向作用的影響力和祖先生前之善惡性格毫無關係，貝克（Baker）從香港的田野調查（1979a：101-104；1979b：219-225）以及Freedman的研究（1966：179-180，1979：299），都傾向這種看法，認為吉地帶給子孫的利益都是相同的，祖先骨骸只和自然環境及地中生氣有關，和祖先人格之善惡無關，骨骸和風水，為屬於機械性的作用，故又稱為「機械論式的世界觀」（楊昭譯，1999：56），李亦園教授根據漢人因生活不順到廟中求神問卜找童乩問事的202例統計資料中，舉出因風水不佳，祖先住得不舒服，導致子孫生活不順利之案件有73例占36％（李亦園，1978：108-109），認為給子孫帶來災禍與否取決於墓中之祖先住得是否愉快。Ahern在台灣北部西南地區的調查結果認為：祖先的存在是有自身意志，擁有意志及感情，可支配子孫禍福（1973：180），並且駁斥Freedman的說法，認為骨骸不應只是傀儡般無意識受子孫和風水師所操弄，像李亦園教授的調查和Ahern的說法是把祖先當成是有人格的存在，因此又稱為「人格論式的世界觀」（楊昭譯，1999：152），以上是由人類學的角度觀察風水之生氣感應，存在於漢人社會之種種現象，所歸納出來的世界觀。

從「人格論式的世界觀」顯見在漢人的概念裡，祖先的存在是屬於有意識的人格靈，例如東漢張衡《冢賦》：「幽墓既美，鬼神既寧，降之以福，于以之平，如春之卉，如日之升。」以及《青鳥先生葬經》金·兀欽仄注釋：「人死，形脫離而化為土，真氣歸本，精神聚於墳墓中，受生氣，蔭枯骨，則吉人祥之氣與穴氣相感應，積禎祥以及子孫也。」這些都是有讓祖先住的舒服，可以保祐

子孫繁榮之觀念，另據《葬經翼》：「穴以藏聚為主。蓋藏聚則精氣翕集，暖而無風，暖則無水，無風則無蟻，三害不侵，則穴得矣。」以及宋・朱熹：「其或擇之不精，地之不吉，則必有水泉螻蟻地風之屬，以賊其內，使其形神不安，而子孫亦有死亡滅絕之憂，甚可畏也。」（《朱文公文集》卷十五〈山陵議狀〉）。

從朱熹對墳墓選擇所抱持戒慎恐懼的態度，足以說明好的風水除了可以避開風、蟻、水之侵害讓祖先住得舒服以外，更可以讓子孫繁榮，因此筆者以為「人格論式的世界觀」和「機械論試的世界觀」其實應該是並存作用於現實社會，以生命多重結構理論而言，風水的感應原理應該包括心靈、信息、物質、能量同時作用；「心靈」是屬於祖先靈或現世子孫之心靈，「物質」則為祖先骨骸或現世子孫之身體，「能量」則為骨骸與生氣結合後所產生之能量，或子孫生命之活力，「信息」則為「心靈」與「物質」同時作用後對子孫所造成之禍福感應，有關風水之作用目的與原理，近代研究學者如詹石窗（1994：97）、高友謙（1992：23）都認為和道家有關，從《葬經》：「是以君子奪神功，改天命」，對照道家經典，如《西升經》：「我命在我，不屬天地。我不視、不聽、不知，神不出身，與道同久。」表現出長生永存之思想，以及涵谷子：《悟性窮源・西江月八首並注（其三）》：「世人只知順行生男生女之理，那曉逆行成仙成佛之法？」郎瑛：《七修類稿・續稿》：「謝子期嘗曰：世間萬事欲順，唯風水、金丹要逆。……非逆不足以把握神機而成變化。非逆不足以配靈爽而貫幽明。知金丹之為逆者則生氣得所乘之機矣。」說明逆行可以成仙的道理，所謂的逆行就是指道家小周天的練氣內丹功法，其內氣循行的路線為由丹田→會

陰→尾閭→夾脊→玉枕→百會→印堂→人中→膻中→丹田。成一逆時針的循環，因此在天人合一的宇宙觀引導之下（葉春榮，1995：320-324、347），當人與地皆為逆向同步運動時自然會產生同構同態的信息感應關係，道家以風水術擇地立觀修煉，是否借助地氣的力量輔助修行，達到白日飛昇羽化登仙之目的，不得而知，但從一般百姓以風水術，企求榮華富貴的心態來看，煉丹與風水都有一個共同的目的，那就是改造命運（張榮明，2000：279），而其改造原理則為屬於形而上的信息感應關係。

為了詮釋風水中的信息感應原理，筆者從風水經典當中對照生命多重結構理論，擷取人體收發信息感應的三種知覺器官：眼、耳、心靈對應出三個議題：(1)聲、氣信息感應原理；(2)形、氣信息感應原理；(3)生氣感應原理，作為探討主軸。

探討的範圍和內容包括：

1. 老莊哲學以及中國禮樂和天人合一思想之內涵與風水信息感應之連結關係。
2. 新學理——生命多重結構理論的內容。
3. 傳統哲學與生命多重結構的共性與互通關係。
4. 風水經典的相關信息感應論述在生命多重結構上的詮釋。
5. 風水之信息感應原理與近代科學哲學理論，如：系統論、全息論、量子力學等之相關性連結。

希望本書所探討內容，對於一般人所抱持傳統風水的功利思想能有一番省思，或新的看法。

第二章　生命演化論

　　中國經典中對於生命的起源與生發之探討，最精闢者當首推老子的「道」與莊子的「氣化論」，但因中國歷代思想家的生命觀一向偏重在形而上的心靈層次作探討，忽略掉了形而下的物質世界所存在的種種生命現象，以至於對生命的本質與現象無法作出周延的詮釋，讓現代人讀起來有如墜入五里雲霧般，感到撲朔迷離。

　　東吳大學陳國鎮教授，以他多年來的研究心得，結合人文與科學之理念提出生命多重結構的理論，認為生命是由心靈、信息、能量、物質所組合而成，讓生命的緣起與轉折有了新的面貌與認識，本章先從老莊的思想開始作介紹，並解釋生命多重結構的意義，最後再將三種思想作比較說明。

第一節　老子的道

　　老子[1]認為宇宙萬物的終極本源就是「道」，而「道」來自於「無」，所以老子說：「無名天地之始，有名萬物之母」[2]「天下萬物生於有，有生於無」[3]這個「無」在老子的認知裡，應非死寂一片的空無，因為在全無的狀態下不會產生「有」，故此處的

---

[1] 老子的生平是個謎，其事蹟，據《史記・老莊申韓列傳》記載：老子者，楚苦縣屬鄉曲仁里人也。名耳，字聃，姓李氏。周守藏室之史也。孔子適周，將問禮於老子。因孔子曾問禮於老子故推測應和孔子同處於春秋時期並年長於孔子。

[2] 《老子・第一章》。

[3] 《老子・四十章》。

「無」應該是指具有生機的「非無」狀態，所以老子把這種狀態稱
為「混沌」或「恍惚」，並把它強名為「道」：

> 有物混成，先天地生。寂兮寥兮，獨立而不改。周行而不
> 殆，可以為天下母。吾不知其名，字之曰道。❹
> 道之為物，惟恍惟惚，惚兮恍兮，其中有象，恍兮惚兮，
> 其中有物。❺

　　「有物混成」表示混沌的「非無」狀態，「先天地生」表示這
種狀態正是萬物生發之本源，「獨立而不改，周行而不殆」表示道
的絕對性和永恆，而混沌與恍惚，就是指老子所認知萬物之本源在
演化的初始階段所存在的似有若無，「無狀之狀」，「無物之象」
的非無面相。因為這個階段無法憑人類的知覺去認識它，所以它只
能是一個存在的虛無概念，老子稱為「無名」。
　　老子宇宙演化論的第二個過程是屬於「有」的階段，老子云：
「道生一，一生二，二生三，三生萬物。萬物負陰而抱陽，沖氣以
為和❻。」這段文字說明道生一是從無到有的轉化，有和無是二個
對立面的矛盾和統一，二者相互區別，但互為依存，相互衝突，但
互為轉化。這裡的「無」尚處於混沌的狀態所以老子云：「視之不
見名曰夷，聽之不聞名曰希，搏之不得名曰微。此三者不可致詰，
故混而為一。❼」詰是詰問的意思，亦即混沌的狀態是看不到，聽

---

❹《老子・二十五章》。

❺《老子・四十二章》。

❻《老子・四十二章》。

❼《老子・十四章》。

風水感應的秘密

不到，摸不著，無法以人類的感官知覺去認識它，只知道它存在，但因處於尚未形成物質的階段，所以無法賦予名詞來定義它，因此處於這個階段的道究竟是什麼？其實是一個不能問的問題，所以老子說「繩繩不可名」[8]、「吾不知其名」[9]。所以若問「道」是什麼？老子的回答應是不知道，或是無名。從混沌到一，應該是已進入到實體的階段，但一、二、三，究竟是什麼？一如何生二，二又如何生三乃至萬物？從數學的語意來看，一、二、三，只是個數字，是物質量化後多寡的表示，而這個物質可以是天地萬物所有的一切，到底這個「一」所指為何？老子沒有講，於是後人如莊子者在解釋這一段的時候大都以後面一句的「萬物沖氣以為和」為依據，把一當成是氣，因為是第一個發展出來的物質實體所以把「一」又稱為「元氣」。「一生二」是一氣化分為二的陰陽二氣。陰與陽是一體之二面，萬物皆為陰陽之綜合體，所以陰陽二面相互依存，相互滲透，陰中有陽，陽中有陰，一切自然現象都是陰陽兩極之間的振盪過程，一切自然秩序都是陰陽之間的動態平衡[10]。按牟宗三先生的說法[11]，氣分陰陽是指陰陽兩個性質不同，方向相反的作用力，猶如一個門具有開與闔這兩項功能一樣。所以「一生二」真正的意義是「一」具有兩種不同的屬性與相反的作用力，按

---

[8] 《老子·十四章》。

[9] 《老子·二十五章》。

[10] 林德宏、張相輪（1997）。《東方的智慧——東方自然觀與科學的發展》，頁36。台北：理藝出版社。

[11] 牟宗三（2003）。《周易哲學演講錄》，頁93-105。台北：聯經出版社。

《周易‧繫辭上》「一陰一陽之謂道」所說明的是陰了又陽，陽了又陰的連續變化過程，這種變化就是指陰陽消長的變化，而「道」就是在變化的過程裡面顯現出來，所以道可以說是一個動態的行程，裡面包含著氣化的運動，這個運動是依靠「神」與「氣」來共同作用，所謂的「神」，按《易傳》的解釋：「神也者，妙萬物而為言。」「妙」在這裡當動詞使用，有操控、運用的意思。因此妙萬物可以解釋為隱藏在萬物後面，運用萬物，使萬物生生不息，氣化萬千而不亂的作用過程，「神」是個描述語，它所描述的對象就是妙萬物的作用過程，所以氣化運動是一個有規則、有秩序的變化過程，因此道包含「神」與「氣」兩個面相，氣是一個陰陽兩面的動態，而動態之所以能為動態所依靠的就是「神」，「神」也是活動的，但神的動和氣的動不同，神是體，氣是用。真正能表現「道」為氣化行程的是氣，但氣依靠神而變化，而神的變化就是陰陽消長之法則。所以「二生三」就是指在陰陽消長的法則和氣的相反相成作用下，達到平衡和諧之狀態下所產生的新物質。「三生萬物」是指新生物質在循環氣化過程當中，不斷的轉化，衍出萬物。「萬物沖氣以為和」的「沖」按《說文》：「涌搖也。」引申為激盪的意思，「和」是陰陽二氣，相激相盪後達成的和諧狀態，這種狀態就是指前面所稱的「新物質」也有稱之為「和氣」[12]。「萬物負陰而抱陽」是指萬物皆含陰陽二氣，並隨時處在陰陽消長轉化運動當中，時而激盪，時而和諧，所以老子云：「道沖，而用之或不盈」[13]所指的就是這種陰陽轉化循環不息的運動過程。

---

[12] 余培林（2003）。《新譯老子讀本》，頁89。台北：三民書局。

[13] 《老子‧第四章》。

第二節　道的哲學思辨

道是精神或物質？按《周易‧繫辭上》云：「形而上者謂之
道，形而下者謂之器。」根據日人鈴木由次郎的解釋[14]：

> 形而上是超越形體之物（that which is beyond the form），
> 形而下是指一切有形之物（that which has any form），道
> 是陰陽能量流動性的變化法則。它的作用，做為一定的現
> 象而得到形體的，是為容器工具。因此宇宙萬物乃為承受
> 「道」的作用之容器，也是它的作用之工具。離開道，固
> 無所謂容器，離開容器，道亦無所謂作用可言。二者本是
> 一體。道的作用普遍存在於容器之中，而人的肉體亦為道
> 的作用之容器，從而在人的身體當中，道也可以人的本性
> 而存在，也就是說人的本性就是道。

按照上文的解釋是把「道」詮釋為形而上的作用力（或者是
稱之為規則、秩序），而宇宙萬物是作用力的具體呈現，也就是說
道是隱藏在宇宙現象和事物背後的法則，而這個法則所呈現的就是
宇宙萬物的總體。有形之物（器）乃據無形之作用（道）而生。
這是顯露與隱藏的陰陽概念，也是德國哲學家海德格（Heidegger
Martin, 1889-1976）所提出的「顯題的」／「未顯題的」（thematic/
unthematic）的對比概念，所謂「顯題的」是指一個主題或概念經

---

[14] 鈴木由次郎（1974）。《易經（下）》，頁368。東京：集英社。引自楊
儒賓（1993），《中國古代思想中的氣論及身體觀》，頁64。台北：巨
流。

由反思被突顯出來討論或說明，而所謂「未顯題的」則是指隱含在突顯主題下的題材或概念[15]。而形而上的道，和形而下的器就類似於這種「顯題的」／「未顯題的」的對比概念。《老子》書中曾出現「道」／「器」的概念，如「道常無名樸」[16]、「樸散為器」[17]，意即道散則為器，老子以「樸」來形容無可名之狀的道體，以「器」來泛指世間的器物，從以上二句中可以看出其中隱含著「形而上」／「形而下」的概念，前文引述牟宗三先生對於道的概念所提出的「神」與「氣」的「體」／「用」關係，基本上也是這種對比概念的延伸。所以從上面的論述可以了解，「道」其實是精神與物質同時存在，二者兼而有之。

第三節　莊子的氣化論

　　老子的「道」到了戰國時期莊子（西元前310年～前270年）[18]對其思想有了進一步的發揮，莊子以「氣化」說明陰陽二氣消長和變化之規律性所帶來的宇宙萬象之流變，並提出「貫通天下一氣耳」的哲學命題，首先莊子對老子所提出之宇宙演化過程，提出這

---

[15] 海德格，《存在與時間》。引自陳鼓應（2003），《道家易學建構》，頁43。台北：台灣商務印書館。

[16] 《老子·三十二章》。

[17] 《老子·二十八章》。

[18] 梁啟超，《先秦學術年表》。引自黃錦鋐（2001），《新譯莊子讀本》，頁6。台北：三民書局。

樣的說法：「察其始而本無生，非徒無生也，而本無形，非徒無形也，而本無氣。雜乎芒芴之間，變而有氣，氣變而有形，形變而有生。[19]」上文中前半段：「察其始而本無生，非徒無生也，而本無形，非徒無形也，而本無氣。雜乎芒芴之間」所詮釋的是老子的「道」在演化初始階段的混沌狀態，芒芴就是恍惚的意思，因為這個階段無法憑人類的知覺去認識它，只能從概念中知道它的存在，所以老子認為它只能說是一個虛無的概念。

莊子並舉一寓言說明混沌之道的不可認識性：

南海之帝為儵，北海之帝為忽，中央之帝為渾沌。儵與忽時相與遇於渾沌之地，渾沌待之甚善。儵與忽謀報渾沌之德，曰：「人皆有七竅以視聽食息，此獨無有，嘗試鑿之」日鑿一竅，七日而渾沌死。[20]

這個寓言就是在詮釋老子以混沌為視之不見，聽之不聞，搏之不得之狀態，類比中央之帝七竅之形體，當七竅一開，渾沌即死亡，同時也代表混沌不存在。從老子生存的歷史背景當中顯示當時已有氣及陰陽二氣的概念，但老子在道的混沌階段，並沒有用氣來說明或定義它，可見道的初始階段。所謂「無狀之狀，無物之象」的混沌狀態，應非屬於氣的作用，所以莊子在詮譯這一階段的時候，基本上是符合老子的理論以「芒芴」說明老子的混沌與恍惚狀態，但因莊子把「道生一」的「一」定義為氣的開始，也是萬物

[19] 《莊子・至樂》。

[20] 《莊子・應帝王》。

起源的開始，所以就把混沌階段定義為無氣，即「非徒無形也，而本無氣」。因為混沌階段到底是什麼？連老子也說不清楚。所以站在莊子以氣作為宇宙創生之本源立場來看，說無氣倒也符合老子：「萬物生於有，有生於無」之理論，也是前文中莊子以「變而有氣」作為有無相生之詮譯。

莊子以氣詮釋道的演化過程是從「道生一」的「一」開始，從一、二、三，乃至萬物之生成，陰陽消長、循環變化，所形成的種種階段，莊子認為這些都是氣化之過程。所以「氣變而有形」就是指「一生二」氣分陰陽，陰陽二氣消長循環作用的階段，「形變而有生」就是「二生三」陰陽沖和，衍生萬物之過程。

莊子更進一步發展老子：「萬物負陰而抱陽，沖氣以為和」的理論，認為萬物所含的陰陽二氣，其實來自於天地與陰陽之消長與變化：「至陰肅肅，至陽赫赫，肅肅出乎天，赫赫發乎地，兩者交通成和而物生焉[21]。」「肅肅出乎天」謂陰氣上出至天，「赫赫發乎地」謂陽氣下發至地，陰陽二氣交和而生萬物，這也是莊子從《易經》地天泰的泰卦（䷊）所演釋出來的概念。「泰」即和的意思[22]。

莊子認為萬物的演化都是從「一氣」開始，因此一氣的變化過程就是宇宙萬物的演化過程，莊子云：

> 生也死之徒，死也生之始，孰知其紀！人之生，氣之聚也；聚者為生，散則為死。若死生為徒，吾又何患！故萬物一也，是其所美者為神奇，其所惡者為神奇復為臭腐。

---

[21]《莊子·田子方》。

[22] 陳鼓應（2003），《道家易學建構》，頁22。台北：聯經出版社。

故曰：「通天下一氣」。聖人故貴一。[23]

　　莊子認為生與死不過是萬物生發自然的氣化過程中所呈現的面相而已，氣聚為生，氣散為死，就像陰陽二氣的消長一樣，都是對立面的運動，也都是氣的一體兩面，所以二者均統一於氣，因此從宏觀的氣化過程來看，生與死只是氣的變化罷了，所以莊子說「生也死之徒，死也生之始，孰知其紀！」所講的就是氣化過程當中，死生循環變化的規律，因此莊子認為死與生若只是一個循環；都是同一個氣在那邊變來變去，那又有什麼需要恐懼的？萬物也是一樣，神奇和臭腐，也都是經由一氣所化，二者相互循環演變，沒有什麼分別，實在沒有必要對美惡存有成心，這就是通天下一氣的道理。

　　老子對於生命的看法是「物壯則老」[24]，即有生，即有死，生死就是生命演化的循環動態過程，所以當萬物生命達到盡頭時，將返回生命的本源，即道的混沌階段，老子稱為「歸根」、「復命」，老子曰：「萬物並作，吾以觀復。夫物芸芸，各復歸其根。歸根曰靜，是謂復命[25]。」這種「歸根」、「復命」的思想來自於道的本體，即有無相生和循環反復的理念。所以老子曰：「字之曰道，強為之名曰大。大曰逝，逝曰遠，遠曰反[26]。」「反者道之動；弱者道之用。天下萬物生於有，有生於無[27]。」老子的生死觀

[23]《莊子・知北遊》。

[24]《老子・十六章》。

[25]《老子・三十章》。

[26]《老子・二十五章》。

[27]《老子・四十章》。

是循環反復，來自於混沌，歸復於混沌的哲學觀。但莊子對生死的看法卻是以邏輯辨證的方法將對立面的相反事物，如生死、陰陽、多寡、天地等，看作是源自於一氣所分化，因此生死一如，就是回歸到宇宙的一氣當中。這是莊子與老子對生道生一的死看法的差異點。

　　莊子認為宇宙萬物的演化是個動態過程，都在氣化當中，所以整個宇宙或現象界其實就是氣的離合聚散運動，莊子談到這個運動時以擬人化的語氣說出這樣的話，莊子曰：

> 夫大塊噫氣，其名為風。是唯無作，作則萬竅怒呺，而獨不聞之翏翏乎？山林之畏佳，大木百圍之竅穴，似鼻、似口、似耳、似枅、似圈、似臼、似洼者，似污者；激者；謞者；叱者；吸者；叫者；譹者；宎者；咬者；前者唱于而隨者唱喁。泠風則小和，飄風則大和，厲風濟則眾竅為虛。而獨不見之調調，之刁刁乎？[28]

　　這句話在形容，天地二氣交流所引起風運動的能量，對萬物所造成各種千變萬化的聲響，莊子認為這些聲音，其實只是一種表象，這些表象的背後所隱藏的動力就是自然的氣化運動，這種運動莊子稱為「天地之強陽氣[29]」，強陽指運動，「強陽氣」是氣運動的意思。簡言之，宇宙萬物的運動性由天地之強陽而來，運動的主體就是「氣」。運動的過程就是氣化的過程。但天地二氣如何作用

---

[28]《莊子‧齊物論》。
[29]《莊子‧知北遊》。

呢？

　　莊子云：「道無終始，物有死生，不恃其成；一虛一滿，不位乎其形。年不可舉，時不可止；消息盈虛，終則有始[30]。」道沒有終始，亦即氣化的過程是沒有開始，也沒有結束，但是它在現象界中會有春夏秋冬四季，陰陽風雨晦明六氣，消長虛實之循環變化，因此可以說四季六氣的變化就是氣化的內容[31]，所以萬物就會有生與死、實與虛之變化，這種變化造成萬物永遠沒有固定的形體。因為萬物隨時都在氣化過程中跟著改變。所以莊子說：「以道觀之，何貴何賤，是謂反衍[32]；無拘而志，與道大蹇。何少何多，是謂謝施[33]；無一而行，與道參差[34]。」

　　上文言宇宙萬物因氣之變化作用所產生的質變與量變，其中貴與賤是屬於質變，多與少是屬於量變，但是從道的觀點來看，這些都是人類的成心作用，因為這些變化都是源自於「一氣」的循環與交替作用所造成的改變，所以從「一」的觀點來看，萬物的生死乃至外在型態的改變都是表象而已，莊子勸世人應去成心，站在更高的層次，跳脫這些表象，回頭去看真正的源頭，其實道無終始，但始終如一是不變的。所以從本源於「一」的思想，莊子認為，人

---

[30] 《莊子・秋水》。

[31] 鄭世根（1993）。《莊子氣化論》，頁100-104。台北：台灣學生書局。

[32] 「反衍」即循環之意也，郭象注曰：「貴賤之道，反覆相尋。」郭慶藩，《莊子集釋》，頁585。

[33] 成玄英疏：「謝，代也。施，用也。夫物或聚少以成多，或散多以為少，故施用代謝，無常足也」。郭慶藩，《莊子集釋》，頁585。

[34] 《莊子・秋水》。

處天地間應有「兼懷萬物」和「萬物一齊」的胸懷，所以莊子云：
「兼懷萬物，其孰承翼？❸⁵是謂無方。萬物一齊，孰短孰長？❸⁶」無
私的包容萬物，視萬物為平等，這是從萬物本源於「一氣」的思想
推衍。

　　莊子云：「天地一指也，萬物一馬也❸⁷。」天地與萬物當然不
能用「一指」與「一馬」來形容，但從「物」的根源來看「一指」
與「一馬」，是同為一氣所生，所以莊子緊接著提出「物化」的思
想命題。在莊子哲學中，「物化」有兩種意義，第一種是把人的死
亡當作「物化」。第二種是人與物之間的「互化」。關於物化的解
釋莊子云：「知天樂者，其生也天行其死也物化。靜而與陰同德，
動而與陽同波❸⁸。」「聖人之生也天行其死也物化。靜而與陰同
德，動而與陽同波❸⁹。」莊子在這裡把大自然的氣化分成兩種，一
為氣聚而生之氣化，稱為「天行」，即與天道循環同行的意思，一
為氣散而死之氣化，稱為「物化」，天行與物化均為，「通天下一
氣」之概念所生，也是莊子生死一如之哲學觀。「靜而與陰同德，
動而與陽同波」是指氣化過程中陰陽二氣的屬性，即死為靜為陰，
生為動為陽，二者互為消長，循環變化，時而天行，時而物化。時
而生存，時而死亡。氣聚則生，氣散則死。人與物之間的「互化」

---

❸⁵ 其孰承翼是「有誰受到卵翼之恩呢？」，謂萬物都在包含之中沒有對誰偏
　　私愛護。

❸⁶ 《莊子・秋水》。

❸⁷ 《莊子・齊物論》。

❸⁸ 《莊子・天道》。

❸⁹ 《莊子・刻意》。

就是莊子相當著名的寓言；「莊周夢蝶」：

> 昔者莊周夢為蝴蝶，栩栩然蝴蝶也，自喻適志與！不知周
> 也。俄然覺，則蘧蘧然周也。不知周之夢為蝴蝶與？蝴蝶
> 之夢為周與？周與蝴蝶，則必有分矣。此之謂物化[40]。

莊子從這個寓言中指出，既然萬物均為一氣所化，當然物與物之間可憑「一氣」相互溝通，相互轉化，「莊周」是一氣，「蝴蝶」也是一氣，二者並無固定的自我主體，只是隨氣而變化耳。莊子的「氣化論」，源自於「通天下一氣」的思想，莊子認為整個宇宙的創生和演化過程就是氣化的過程，這個過程包括陰陽的消長與循環，由此過程而衍生四時、六氣之變化，而萬物也因此氣化過程而展現令人眩目的各種生命景象。莊子從哲學的高度體認到這些宇宙萬象的流變，其實是「一氣」所為。這也是最早「元氣論」之發源，其後到了戰國末年的《呂氏春秋》和西漢時期的《淮南子》和《春秋繁露》都相繼出現了元氣的概念：「因天之威，與元同氣。[41]」，「宇宙生元氣，元氣有涯垠。[42]」，「王正，則元氣和順，風雨時，景星見，黃龍下。[43]」，據《大戴禮記‧保博》：「元者，氣之始也。」《左傳》隱公元年經注：「元者，氣之本也。」可見「元氣」的提出代表兩方面的意義，其一是肯定氣為萬物之本源，

---

[40]《莊子‧齊物論》。

[41]呂不韋，《呂氏春秋‧應同篇》、《莊子‧齊物論》。

[42]《淮南子‧天文訓》。

[43]董仲舒，《春秋繁露‧王道篇》。

其二是由此源頭所衍生發展出來的宇宙萬象，紛紛以氣為名詞，賦予不同的定義，如：天氣、地氣、陰氣、陽氣、四時之氣、五行之氣、五臟六腑之氣、神氣、正氣、生氣、人氣、民氣等等。將世間種種物事通通統一在氣的家族當中，讓萬物的生存、發展與演化能夠在氣的基礎上成為一脈相承的思想脈絡，並據以發揚。

　　漢代的學者，即在此一基礎上，建構出宇宙內在的整體聯繫和天人合一的宇宙圖式。據《史記・律書》記載：「王者制事立法，物度軌則，壹稟于六律，六律為萬事根本焉。」說明王者制訂事物之法度是以六律作為根本，因為六律與元氣之關係及宇宙之本質有其相通之處，所以《史記・律書》說：「不周風居西北，主殺生。……十月也，律中應鐘。應鐘者，陽氣之應，不用事也。……言陽氣藏于下。」「廣莫風居北方。廣莫者，言陽氣在下，陰莫陽廣大也，……十一月也，律中黃鐘。黃鐘者，陽氣踵黃泉而出也。……言陽氣任養萬物于下也。」「東至牽牛。牽牛者，言陽氣牽引萬物出之也。……十二月也，律中大呂。」「條風居東北，主出萬物。……正月也，律中泰蔟。泰蔟者，言萬物蔟生也。」「明庶風居東方。明庶者，明眾物盡出也。二月也，律中夾鐘。夾鐘者，言陰陽相夾廁也。」

　　上文中例舉十一月至二月間每月所刮風的方位、性質、陰陽二氣消長和萬物生長之變化與陰陽律呂之相應關係。由於陰陽二氣的消長與循環變化，所以有風的運動，這是源自《莊子・齊物論》：「夫大塊噫氣，其名為風。是唯無作，作則萬竅怒呺。」的思想源流，由於氣化運動的過程，產生四季十二月和與時間相應的氣的流動，促成宇宙萬物的生長與發展，漢代的學者，將這些相應的聯繫

關係，擴大到生活事物各個領域當中，舉凡醫學、天文、曆學、地理、物理、生物、農業、政治、心理等等都可看到氣的思想脈絡延伸與內在的聯繫，成為中華民族相當具有的特色的文化。

第四節　生命多重結構

　　陳國鎮教授認為生命的結構是由「物質」、「能量」、「信息」和「心靈」四個層次所組合而成[44]，如圖一所示。以人類而言，身體是屬於物質的部分，主要是以碳、氫、氧、氮、鈣和其他微量元素組合而成，身體內有許多酵素扮演著催化的作用，讓生化物質依照物理和化學的作用而表現新陳代謝之功能。讓生命的活力得以充分的發揮。這些生化反應就是指微觀的生命機能運作，包括物質的分解、轉化、運輸、儲存、調配或轉變成能量等，這些功能的累積就成為宏觀的生理系統，如呼吸系統、循環系統、消化系統、神經系統、排泄系統等，和心理上的喜、怒、哀、樂、七情六慾等情緒表現。

　　這些生理或心理上的變化主要是依賴身體內的波動作為傳遞和聯繫，讓整個身心狀況能夠調控在有序的動態活動當中，這些波動有機械性的，如呼吸、心跳所產生的震動；也有電流起伏的波動，例如血液隨著心跳所產生的脈波；還有沿著神經或經絡，以波

---

[44] 以下有關「生命多重結構理論」引自陳國鎮《身心極限的超越》手稿和《又是人間走一回》，台北：圓覺。

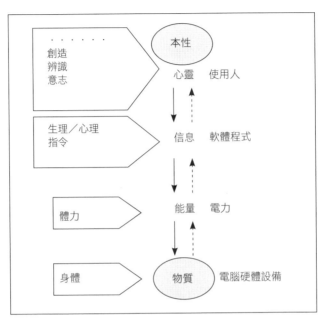

圖一　生命多重結構示意圖

動的方式傳遞的電壓脈衝。其次是電磁能所產生的波動，如體溫所輻射的紅外線等。這些波動統稱為「信息波」。機械波是信息波落實到物質層次的表現，而電磁波則是信息波落實到能量層次的表現，那麼信息到底是什麼呢？信息可以說是客觀世界萬物存在現象之描述，透過信息的描述，人類得以認知萬物的特性和相互間之關係，及其運動變化之過程和規律，例如颱風衛星、通信導航、遙感及氣象預報、地震偵測等信息，動物的叫聲、求偶的姿態、覓食的姿勢、顏色的變化、植物開花結果等等都是信息的傳送[45]，而人類

---

[45] 李衍達（2001）。《信息世界漫談》，頁5-6。台北：牛頓出版社。

則利用視覺、聽覺、嗅覺、味覺及觸覺五官之知覺，不斷地接收外在的信息，並作出反應或發出相似的信息，簡言之，外界所有的信息均透「根」、「塵」、「識」三類傳送或收發。「根」是指眼、耳、鼻、舌、身、意六根，為身上的六種感覺器官；「塵」是指色、聲、香、味、觸、法六塵，為被感官所知覺的媒介；「識」是對六塵的辨識功能，根據陳國鎮教授的認知[46]，身上的六種感覺器官（六根）所指的是眼睛、耳朵、鼻子、舌頭、皮膚、大腦。而和六根對應的六塵所指的「色塵」是物體反射的可見光，也就是眼睛所看到的一切包括大小、形狀、顏色、明暗等均屬之；「聲塵」是耳朵所能聽到的一切聲響，是空氣中的壓力波振動耳膜，讓耳朵感受到的知覺；「香塵」是鼻子可能嗅到的各種氣味，屬於物質的微粒對鼻黏膜的刺激；「味塵」是舌頭所能品嚐到的各種味道，也是物質的微粒對舌頭的刺激；「觸塵」是身體的皮膚所碰到的一切所產生的知覺，為屬於觸碰物質刺激神經所產生的電壓脈衝；前面五塵都有一個對應的物理量，如色塵為光波，聲塵為聲波，香塵和味塵為粒子所產生之化學作用，觸塵為電壓脈衝，法塵所對應的意根是大腦，它所接收的信號為屬於不須載體的信息波，可以直接傳遞給大腦，例如腦筋突發奇想的靈感或超乎時空的回憶、記憶，並對未來的夢想、計畫、想像、思考等等。在一般的生命科學裡面，認為大腦掌管一切的知覺、判斷和記憶，是一切知覺和應變的主宰，其實掌管一切認知和判斷的主宰是「心靈」，而大腦只是一個相當精密的仲介體或轉換器（converter），就好像是電腦裡面的介面

---

[46] 陳國鎮（2001）。《身心極限的超越》手稿Part 2，頁15-20。

卡，它的功能就是把五根所傳遞過來的物理量，如聲、光、電波等轉換為信息波，而大腦（即意根）所對應的法塵就是五官所不能知覺的信息波，它可以不必經過轉換即由心靈直接讀取。換句話說，真正的知覺者和下判斷的是心靈而非大腦。人類的各種知覺，如酸甜苦辣和喜怒哀樂等情緒性反應，實際上是由大腦轉化為信息波，經過心靈的接收與認知所作出的反應。根、塵、識的相互關係可以從**圖**二表示。

因為信息波是充塞在整個宇宙間，故心靈除了接收從大腦轉化過來的感官信息波外，亦可超越身體的限制，直接從虛空中擷取信息波，這種現象就是一般所稱的「直覺」。我們平常和物質界的聯繫，都是使用身體的感官在互動，使用直覺的頻率比較低，以致於一般人都忽略了，甚至不知道生命尚有這部分的功能，當然使用直覺是需要訓練的，像禪修、靜坐、催眠等都在運用心靈直接和外界的信息做共振溝通，因為學習或修練成功的人較少，故一般人較難體會其中的奧妙，心靈除了接收信息波以外，亦可發射信息波，即當心靈起了一個念頭時，隨即產生信息波透過大腦轉化為物質波傳送至各個器官，成為生命功能在物質層次上的展現，在生命的經驗裡，經常有「視而不見」、「聽而不聞」的現象，其實這就是「心靈不作意」的佐證，也就是說心靈並沒有擷取大腦轉化過來的信息波，因此導致不反應的現象。由此可證明，生命的知覺者，其實是心靈而非大腦。

從以上的說明，我們可以知道信息波可分成二類：

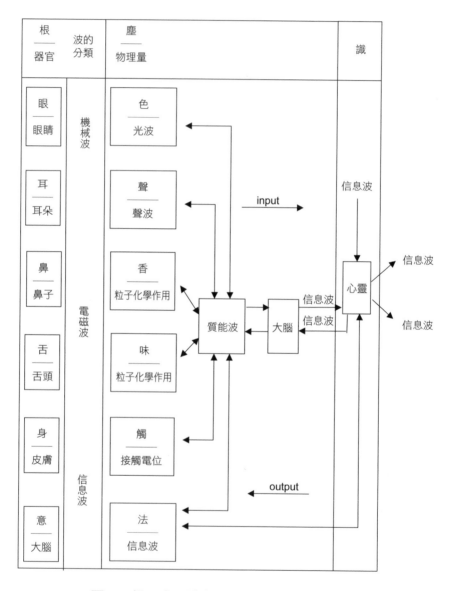

圖二　根、塵、識與信息波關係作用示意圖

資料來源：作者自製。

一、以物質或能量為載體的信息波

當心靈產生一個念頭,對應的信息波指揮大腦發出電子訊號(electric signal),沿神經傳到身上各相關部位,可以形成各種生理機能,成為生命功能之展現,神經電訊屬於以物質或能量為載體之波動,屬於可以量度的物理量,和古人所說的「氣」類似。因為攜帶能量在人體內流動,傳播過程會損耗並轉變為熱能,故會有熱的感覺。這類波動我們把它稱為「質能波」。

二、不以物質或能量為載體的波動

這種波既非電流亦非電磁波,在體內傳播的過程不會有冷熱的感覺,和古人所說的「炁」(無火)類似,它可以獨立存在,不需以物質或能量為載體,因此它似乎沒有速度的上限,即信息波的傳遞可以快過光速,也可以比光速慢。它所傳遞的信息甚至可以超越時空,「無遠弗屆」。

以上兩種波動有個共同的特性,它們都以波動的形式存在並傳遞,人體其實是許多信息波在指揮的系統,由於信息波的作用和傳遞,所以人體內的生化物質或能量才可以在有序化的聯繫當中,展現有條不紊的生理和心理現象,人類的身體,小至單一細胞,大至整個大腦,都可以產生信息波,所以人體可以說是所有信息波交織而成的信息場,而這個信息場可以說就是由心靈所塑造出來,那麼心靈又是什麼呢?心靈可以說是種生命功能所組合而成的生命功能群,它有結構,也有特性,但是它看不到、摸不著,無法以五官之知覺來感受,所以它只能用概念來了解、說明。

原始的生命功能,在近似空無的太虛中忽生忽滅就好像是《圓

覺》經裡所講的：「諸佛世界，猶如空華，亂起亂滅，不即不離，無縛無脫。」句中華通「花」，空華就是空花的意思，花開了又謝了，在空無一物的太虛中生生滅滅。就好像真空中的粒子一樣，忽有忽無，永遠搞不清楚下一秒中會在什麼地方出現，物理學中把這種現象稱之為「量子擾動」，一般人以為最簡單的狀態就是真空狀態，其實完全相反，經過這幾十年來物理學家的發現，最複雜的狀態就是真空狀態，因為它無所不能有，而且可以從裡面無中生有，忽有忽無，生生滅滅。

生命功能出現的同時也產生信息波，二者相伴而生，一起生滅，這些信息波之間可以互相激發相關的生命功能或讓它們在這個世上的時間久一點，所以一個生命功能可以利用信息去激發另一個生命功能，彼此相互影響，吸斥互動，然後漸漸聚集成各種生命功能群，也就是心靈的原型，如果以生命多重結構來看的話，生命發展到這個階段是屬於心靈與信息的層次。生命功能聚集成群狀以後就會變成不一樣型式構造，例如：氯和鈉這兩種物質都是屬於有毒性的化學元素，但是當它結合成群，變成氯化鈉也就是食鹽以後，就會變成不一樣的結構型態，成為我們身體所需要的東西，所以生命功能和生命功能群，它的結構功能和屬性其實是有相當大的差別。生命功能是單一的時候，它的心靈就比較單純，所釋放的信息波相對的就愈簡單而容易解讀，心靈的自由度也就相對的較高，但是當生命功能結合成群以後，心靈就比較複雜，所釋放的信息波是屬於比較複雜難以解讀的信息波，自由度也比較少，這種群體性一旦形成之後，就讓心靈成為具有獨立性質之特性，任何外力想要分解它，就會產生抗拒，這種特性就是一般人常說的「我執」。

　　如果把生命功能比喻作數學符號＋、－、×、÷、∫、dx，信息波就是被數學符號運算的數值；1、2、3、4……，或函數$f(x)$，它有主動運算的功能，可以作用在不同的物體或對象上，所以當生命功能集結成群以後，它就會形成結構，這種結構的組織是否嚴密堅實或完善，就代表它運算功能的流暢度。

　　流暢度高表示心靈的活性高，靈敏度佳，反之就代表心靈的靈活度較低，這和生命功能群的類型有關，不同的類型，有不同的結構和品質，品質好的流暢度就高，所以生命有多種型態；聖、賢、智、愚各有不同，這和生命功能集結成群的吸斥運動的過程有關，從佛家的角度來說這是因緣使然，實際上是自然的運作，無法假外力行之。

　　當生命功能群形成的同時，有些信息波疊加在一起成為複合信息波，從而轉變成為能量。從愛因斯坦的狹義相對論$E=MC^2$中，我們知道能量可以轉換成微粒，也就是物理學上所指的電子、質子、中子等基本粒子，有了基本粒子以後，就逐漸形成原始的物質世界的面貌，所以我們存在的虛空中其實存在著各式各樣的粒子和信息波與生命功能。有的粒子轉變為能量，有的能量轉變信息波，呈現生生滅滅的運動轉化狀態。佛經裡把這種微粒稱為「鄰虛塵」，形容忽有忽無，與虛空虛無為鄰的狀態。

　　當微粒和能量慢慢集結成電子、中子、質子後，再加上一些能量就形成了原子，原子就構成了分子，從分子到細胞、組織、器官就構成了我們的身體和宇宙萬物以及現在的物質世界。如果以生命功能群的繁簡來說明宇宙萬象的話，生命功能比較簡單的就好像是沒有生命的現象，例如金、木、水、火、土五行在形而下的器用

世界裡，就好像是無生命的物質，但它所傳達的就是簡單的單一信息，如金為從革、木為曲直、水趨就下、火性炎上、土性稼穡等，比較複雜的依其程度的高低就成為低等動物，或高等動物，因此從生命功能演化的角度來看，其實萬物都有心靈，只是繁簡和自由度高低的不同罷了。當生命體形成以後，心靈就透過信息波指揮我們的身體和大自然這個物質世界聯繫，因為萬物都有靈，只是功能繁簡不同，所以人與人或人與物所發射出來的信息都可以被對方所吸收，彼此間產生信息共振，達到溝通的目的。

第五節　老莊思想與生命多重結構

如果把老莊的思想和陳國鎮教授的生命多重結構作一比較的話，可以發現他們三人的生命觀其實是相通的。

例如老子把道的存在方式，解釋為是宇宙萬物在演化的初始階段所呈現的一種混沌和恍惚的現象。這種現象其實就是心靈或者說是原始生命功能，伴隨著信息波在太虛中生滅的非無面相，心靈無法以五官的知覺來認識，同樣道的混沌與虛無概念亦無法以五官知覺經驗來作說明，這是心靈與道二者之間的相通之處。

據《道原經》[47]描述宇宙初生的階段所呈現的景象為：

---

[47] 《道原經》是1973年底於湖南長沙馬王堆三號漢墓所挖掘出來的古帛書，是《黃帝四經》——〈經法〉、〈十大經〉、〈稱〉、〈道原〉四篇中的一篇，成書年代早於《孟子》、《莊子》，當在戰國初中期間，道源主要是對「道」的本體和功用作探源。

恒無之初，迴同大（太）虛，虛同為一，恒一而止。濕濕
夢夢，未有明晦。神微周盈，精靜不巸（熙），古（故）
未有以，萬物莫以。古（故）無有刑（形），大迴無名。
天弗能覆，地弗能載。小以成小，大以成大。盈四海之
內，又包其外。在陰不腐，在陽不焦[48]。

「恒無之初」是指宇宙初生的狀態，「迴同大（太）虛」是
說空曠流暢如同虛空。「虛同為一」是和虛空一樣沒有分別。「恒
一而止」描述這種原初的狀態一直以來都是這樣，好像時空中止一
般。「濕濕夢夢，未有明晦」是指混沌不明的狀態，「神微周盈」
是指神妙而無所不在，「精靜不熙」是相處寧靜，不顯擁擠，「古
未有以」是從過去到現在從未停止，「萬物莫以」是宇宙萬物都是
以此作為原初狀態。「古無有刑」是從開始就沒有固定的形狀，
「大迴無名」是這種狀態沒有任何名稱可以稱乎它。「天弗能覆，
地弗能載」是指存在的無邊際性，「小以成小，大以成大」是指
成就功能的無邊際性，小至原子世界，大至日月星辰，均可造就。
「盈四海之內，又包其外」表示無所不在的特性，「在陰不腐，在
陽不焦」表示其存在的永恆性。從《道原經》對宇宙初生狀態的描
述歸納其特性計有：廣闊無邊，無所不在，再多也不顯擁擠，永恆
存在，不會毀滅，具有創造宇宙萬物之功能。

從以上數種特性之描述，可以推論只有信息波才能符合這些特
性，因為信息波具有創生與永恆的特質，同時因為具有波的特性，
所以可以互相穿越，不會妨礙，再多也不顯擁擠。又因其速度似乎

---

[48] 陳鼓應（2001）。《黃帝四經今註今譯》，頁470。台北：台灣商務書
局。

沒有上限，可以無所不在，廣無邊際[49]。這是以《道原經》來詮釋老子所謂的道，在初始階段所呈現的混沌現象，其實就是指信息波與生命功能同時存在的虛空。而道生一的「一」就是指生命功能經過吸斥的作用過程後所逐漸聚集而成的生命功能群，並成為有一定的結構和「我執」的生命特質之現象時的狀態。也大約是莊子氣化論過程中「氣變而有形」之階段。一生二的「二」就是指心靈的兩種面相，即生命功能群和複合信息波，這二者如影隨形，無先後之分，同時存在，生命功能的累積過程就是陰陽的吸斥作用過程，生命功能累積成群以後，群體的自由度增加，但個別的自由度減少，代表的是陰陽消長的變化和此消彼長的對立特性；生命功能與信息波在太虛中忽有忽無的生滅循環，所代表的就是一會兒陰，一會兒陽的陰陽循環作用過程。也就是說，生命功能的累積過程，可以類比為莊子氣化論中所說的氣化過程。二者意義是相通的。

　　「二生三」的「三」所指的就是信息波轉化為能量波動後在極強大的力場所累積形成具有質量的粒子狀態[50]，這個粒子就是所謂的新生物質，代表的是陰陽沖和後所衍生出來的「和氣」。「三生萬物」就是指由質子、中子、電子等基本粒子組合成原子後，再經發展所形成的物質世界與生命的原初型態。「萬物負陰而抱陽，沖氣以為和」就是說萬物皆有心靈，而心靈透過信息的收發和外界作信息的交換從而維持生命的功能，讓生命得以繼續存在，同時也因身體的信息場，和外在環境的信息場作信息交換以達生命延續之目

[49] 陳國鎮（2000）。《身心極限的超越》手稿Part 1，頁21-22。

[50] 陳國鎮（2000）。《論法塵、信息波的存在認知》手稿，頁6。

的，因而產生宇宙萬物共生共榮，相互依存的關係。

　　所以我們的宇宙可以說是所有萬物的心靈創作，這個宇宙是一個共生的宇宙，並非人類所獨有或獨自創造。

　　明代學者王陽明在莊子「通天下一氣」的理論基礎上談到人與自然間之聯繫時說道：

> 蓋天地萬物與人原是一體，其發竅之最精處是人心一點靈明。風雨露雷、日月星辰、禽獸草木、山川土石，與人原只一體。故五穀禽獸之類皆可以養人，藥石之類皆可以療疾，只為同此一氣，故能相通耳。

　　王陽明所說的「人心一點靈明」其實所指的就是生命多重結構中的心靈，因為心靈具有主動的功能，因此人類可以透過心靈來認識天地萬物，和天地萬物所發出之信息產生共振，達到溝通的效果，所以屬於物質類的食物和藥石進到人體後，可以和生命的物質結構，即身體的維生系統產生信息共振，進而產生能量，讓生命體得以展現活力，延續生命應有之功能。因此從生命多重結構來詮釋莊子「通天下一氣」的理論可以說是相當的貼切。

　　綜合上面的論述可以知道莊子從「貫通天下一氣耳」體會萬物皆為一氣所生，故應以平等心看待萬物的理念，和生命多重結構中，萬物皆有靈，而宇宙是由萬物之心靈所共同創造，故應以共生共榮的心態，來看待宇宙之觀點與老子所說的「人法地，地法天，天法道，道法自然」[51]，把道的終極目標和精神所在，回歸到自然而然的生命本源，這三種生命哲學理念在思想上可以說是相當一致的。

---

[51]《老子・二十五章》。

第三章　氣論

　　人類對於「氣」的最早認識，應當是屬於生命體內呼吸的氣息，以及對外界所感知的水氣、火氣、雲氣等，和它們的冷暖、明晦的變化，因為氣的變化具有虛無飄渺、凝散多變之特性，似乎充滿著未知的變數，因此很容易被認為是鬼神之化身，而予以崇拜。所以本章前半段將從夏商周三代的祭祀形式探討氣之內涵，並嘗試從生命多重結構的角度重新詮釋這些概念的現代意義。

　　從祭祀的形式與內涵的探討當中，可以發現氣在古人的心目中，已不單是侷限在生死有關的概念範圍內，它甚至已經跳脫到更高的層次，把氣當作是宇宙萬物之生成與發展之根本源頭，本章後半段將從氣學的發展過程來探討生命如何與氣結下不解之緣，以及古人如何把氣結合生命與自然，成為一個不可分割的整體，從而在這個基礎上解釋生命的種種萬象。

第一節　氣與祭祀

　　生命存在最基本也是最首要的條件就是呼吸，若呼吸停止，即代表死亡。所以《管子・樞言》云：「有氣則生，無氣則死，生則以其氣。」又云：「得之必生，失之必死者，何也？唯氣。」因此從維持生命存在的觀點來看呼吸之「氣」可以說是人類對於自然界所存在之種種萬象中最早的認識。

　　1975年在中國青海柳灣地區出土了一批彩陶罐，據考證為屬於距今約4000～4500年前的半山馬廠文化[1]。彩陶罐上有一彩繪浮雕

[1] 中國社會科學院考古研究所（1984）。《青海柳灣》，頁116。北京：文物出版社。

人像，該人像雙腳平放，比肩稍寬，下肢微蹲，雙手覆掌貼近腹部二側，二目微開，張口似作吐氣狀，類似在做站樁功如**圖三**。

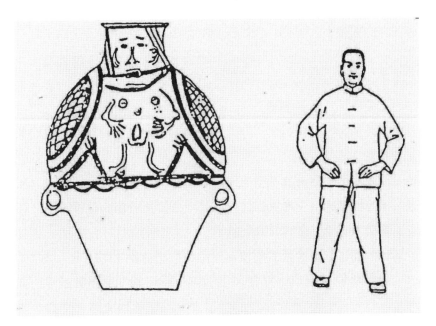

圖三　青海柳灣彩陶罐圖繪與站樁功圖像

　　這個圖像是中國練氣行功之最早印證[2]，這也是先民認識體內循行之氣的開始，相對於體外環境所存在之氣的認識，應當首推雲霧之氣，據《說文解字》：「雲，山川氣也。」又：「氣，雲氣也。」段玉裁《注》：「氣本雲氣，引申為凡氣之稱。」甲骨文中的氣字類似雲霧冉冉上升之狀，所以據《左傳》昭公十七年記載：

---

[2] 李志庸（1988）。《中國氣功史》。鄭州：河南科學技術出版社。

「昔者黃帝氏以雲紀，故為雲師而雲名。」這表示上古時期黃帝是以「雲」作為部族之圖騰來崇拜。因為氣具有虛無飄渺、出入無常、凝散多變之特性，因此在先民的眼中，似乎是靈魂最形象而又最適宜的寫照。

《說文解字》云：「魂，陽氣也。」聞一多先生也曾指出：「魂字本作云。《說文》云為雲之古文，又作?，象煙雲之氣裊裊浮動之貌。……人之靈魂不可狀，煙雲之氣狀之，故曰魂。」❸據《墨子·節葬下》記載：「秦之西有儀渠之國者，其親戚死，聚柴薪而焚之，熏上，謂之登遐。」登遐為火化時靈魂上升於天的意思，因此古人以靈魂比喻雲氣，正如其乘氣上天之特性，所以《禮記·郊特性》說：「魂氣歸於天。」可以說就是雲氣的形象寫照。

有了靈魂統一於氣的概念以後，帝舜時期的祭祀方法，表達了當時的先民把氣與靈魂的概念應用在祭祀活動中的例子。據《禮記·郊特牲》記載：「有虞氏之祭也，尚用氣；血腥爓祭，用氣也。」這裡的「有虞氏」指的是帝舜，祭祀的對象據《周禮·酒正》，鄭司農《注》說：「大祭，天地；中祭，宗廟；小祭，五祀。」《白虎通·五祀》說：「五祀者，何謂也？謂門、戶、井、灶、中霤也。」也就是說，祭祀的對象指的就是天地神靈和祖先鬼魂。《禮記·祭法》說：「山林川谷丘陵能出雲，為風雨，見怪物，皆曰神。有天下者祭百神。」可見「山林川谷丘陵」之「神」乃是雲之變化所滋生，而《說文》：「雲，山川氣也。」即表示

❸ 〈神仙考〉，《聞一多全集》，頁174。香港：三聯書局。引自張榮明（1994），《中國古代氣功與先秦哲學》，頁115。台北：桂冠。

「神」在先民的概念中，本質上也是氣所生。故《禮記·祭義》說：「氣也者，神之盛也。」以上說明，天地神靈，祖先鬼魂，在虞舜時期的先民概念裡，均歸屬於氣的範圍內，均為氣所化，因此要祭祀這些不具實體的對象，在古人的想像當中，大概也只有用同屬於一類的「氣」來祭祀方能感應。這就是「有虞氏之祭也，尚用氣」的真正含義[4]。至於如何用「血、腥、爓」三者代替，達到「祭，用氣也」之目的？唐孔穎達《疏》說：

> 血、腥、爓、祭，用氣也者，此解用氣之意。血謂祭初以血詔神於室，腥謂朝踐薦腥肉於堂，爓謂沉肉於湯，次腥亦薦於堂。……今於堂以血、腥、爓三者而祭，是用氣也，以其並未熟，故云用氣也。

上文的意思是說「血、腥、爓」三者都是以活的畜牲宰殺後當作祭品，因未燒熟，故可以說是充滿著生氣，以此作為氣的象徵來祭祀。《禮記·郊特牲》又說：「血祭，盛氣也，祭肺、肝、心，貴氣主也。」鄭玄《注》說：「氣主，氣之所舍也。」孔穎達《疏》說：「祭肺、肝、心，此三者並為氣之宅，故祭時先用之，故云「盛氣也」。三者非即氣，故云「氣之主也。」」

從注疏中可以了解血祭中以肺、肝、心作為祭品，其原因是因為它們是「氣之所舍」，即「氣之主」的意思。這也足以說明帝舜時代的祭祀「尚用氣」及以「血、腥、爓」作為祭品之代表意義。反過來說鬼神又如何享用祭品呢？據《左傳》僖公三十一年記載：

---

❹ 張榮明（1994）。《中國古代氣功與先秦哲學》，頁128。台北：桂冠。

「鬼神非其族類,不歆其祀。」按《說文》:「歆,神食氣也。」
《詩經・詩皇矣》孔穎達《疏》說:「鬼神食氣謂之歆。」也就是
說鬼神對於祭品的享用方式就是直接吸取它們的氣。

　　逮至商周時期祭祀的方法又有了改變。據《禮記・郊特牲》
記載:「殷人尚聲:臭味未成,滌蕩其聲,樂三闋,然後出迎牲。
聲音之號,所以昭告於天地之間也。」孔穎達《疏》說:「殷人尚
聲者」,帝王革異。殷不尚氣而尚聲,謂先奏樂也。「臭味未成,
滌蕩其聲者」;「臭味未成」,謂未殺牲也;「滌蕩」猶搖動。殷
尚聲,故未殺牲而先搖動樂聲以祀神也。「樂三闋,然後出迎牲」
者,闋,止也。奏三遍,止,乃迎牲入殺之。

　　從上文可以知道殷商時期的祭祀程序是先奏樂,表示「尚
聲」,那「尚聲」和「尚氣」有何不同呢?據《禮記・郊特牲》記
載:「樂,陽氣也」,再從《說文解字》:「魂,陽氣也」,可見
魂與樂同屬於陽氣,二者是相通的。所以就以音樂作為祭品,而祭
祀形態之所以改變乃因「帝王革異」,即改朝換代的刻意表現。

　　同樣的原因到了周朝祭祀的型態又有了改變。據《禮記・郊
特牲》記載:「周人尚臭,灌用鬯臭。郁合鬯,臭陰達於淵泉,灌
以圭璋,用玉氣也。既灌,然後迎牲,致陰氣也。」孔穎達《疏》
說:「周人尚臭者,周禮變於殷,故先求陰尚臭也。」所謂的臭,
其實就是指氣;按《說文》:「臭,禽走臭而知其跡者,犬也。」
段玉裁《注》說:「走臭猶言逐氣。犬能行路蹤跡前犬之所至,於
其氣知之也。故其字從犬自。自者,鼻也。引申假借為凡氣息芳臭
之稱。」從以上之注疏可知周人「尚臭」其實和「尚聲」、「尚
氣」一樣都是以氣作為祭品的相同概念。

　　孔穎達《疏》繼續解釋：「灌用鬯臭」者，臭謂鬯氣也，未殺牲，先酌鬯酒灌地以求神，是尚臭也。「郁合鬯」者，郁，郁金草也；鬯謂鬯酒，煮郁金草和之，其氣芬芳，調鬯也。又以搗郁汁和合鬯酒，使香氣滋甚，故云「郁合鬯」也。「臭陰達於淵泉」者，用郁鬯灌地，是用臭氣求陰達於泉也。「灌以圭璋，用玉氣也」者，王肅云：「以圭璋為瓚之柄也，瓚所以斟鬯也，玉氣絜潤，灌用玉瓚，亦求神之宜也。玉氣亦是尚臭也。」「既灌然後迎牲」者，先求神後迎牲也。「致陰氣也」者，解所以先灌是先求陰也。先致氣於陰，故云「致陰氣也」。

　　總結孔穎達《疏》的大意是說周人祭祀的方法是先將鬯酒拌合郁金草汁後盛在玉器內，然後灑在地上以祭祀鬼神，因為這三種祭品分別含有酒氣、草香氣和玉氣的成分在裡面，所以這種祭祀方式是一種「尚氣」的表現，也是源自鬼神食氣之概念而來，又因為酒汁是灑在地上，所以稱之為「致陰氣」。

　　從上面的解釋可以知道周人「尚臭」就是「尚陰氣」，而殷人「尚聲」即「尚陽氣」，可見在殷周時期就已經有了陰陽二氣的概念。

　　《禮記‧郊特牲》對殷周時期的祭祀作了如下的詮釋：「魂氣歸於天，形魄歸於地，故祭求諸陰陽之義也。殷人先求諸陽，周人先求諸陰。」

　　上文言殷人祭祀先求諸陽就是尚陽氣，以祭拜魂氣為先，而周人祭祀是先求諸陰就是尚陰氣，以祭拜形魄為先。祭祀的對象相同，只是先後秩序不一樣而已。

第二節　神、魂、鬼、魄的意義

　　神、魂、陽氣與形、魄、陰氣在殷周的概念裡它所代表的意義是什麼？他們又如何區分成兩個概念分開來祭祀？

　　按《易經·繫辭上》作了如下的詮釋：

　　仰以觀於天文，俯以察於地理，是故知幽明之故。原始反
　　終，故知死生之說。精氣為物，游魂為變，是故知鬼神之
　　情狀。

　　從原文上下對仗的語法中可以知道「幽明」、「死生」、「鬼神」都是屬於相反對立的概念，幽、死、鬼為屬於陰、暗、僵化的一類，明、生、神為屬於陽、光明、活動力強的一類，「精氣為物」是指氣之精純者能轉化為物質，「游魂為變」意指魂具有動態多變的性質。作者由此二句來引申出鬼神之概念，亦即「鬼」是屬於陰晦不明，趨向於物質化，而物質源自氣之精純者，故具有低自由度、僵化之特性。而「神」是屬於光明活力，具有高自由度、動態多變之特性。

　　按《左傳·昭公七年》記載：子產曰：

　　人生始化曰魄，既生魄，陽曰魂，用物精多則魂魄強，是
　　以有精爽，至於神明。匹夫匹婦強死，其魂魄猶能馮依於
　　人，以為淫厲。

　　這句話的意思是說人皆有魂魄，魂為陽，魄為陰，在生時營養照顧得好的話，魂魄就會強健，「精爽」是指身體健康，精神愉

快，「神明」是腦筋靈活、清淨不雜亂的意思，整句話是在說魂魄強健，則身心皆能健康，而魂魄強健之道在於注重飲食之調養。人死魂魄亦能作祟，為禍於人。《禮記・祭義》云：「氣也者，神之盛也。魄也者，鬼之盛也。……眾生必死，死必歸土，此之謂鬼。」

上文言氣盛者為神，魄盛者為鬼，人死亦為鬼。《禮記・郊特牲》又云：「魂氣歸於天，形魄歸於地。」從上面文獻的記載，有關鬼、魄、魂、神之概念似乎可以作以下的歸類：

1. 鬼：
   (1)趨向物質化、低自由度、陰晦不明、僵化。屬於陰氣。
   (2)人死為鬼，魄盛亦為鬼。
2. 魄：
   (1)人生即有魄，營養足則魄強健，身體健康。
   (2)魄，屬陰，濁重，物質化，人死後身體和魄同歸於大地。
3. 魂：
   (1)高自由度，動態多變。
   (2)魂屬陽氣，清輕上浮，人死後，魂氣歸於天上。
   (3)人生即有魂，營養足則魂強健，精神愉快，腦筋靈活，清淨不雜亂。
4. 神：
   (1)光明、活力、高自由度、動態多變。
   (2)魂氣盛者為神。魂是陽氣，神也是氣。
   (3)屬於天為陽。

從以上概念的歸類可以知道「神」、「魂」與「氣」同類為陽，屬於天，具有清輕上浮，活力多變之特性；「鬼」、「魄」與「形」同類為陰，屬於地，物質化，具有濁重下降於地、僵化之特性。

道家學者列子認為，天地萬物都是由「形」、「氣」、「質」三者所組合而成，所以《列子・天瑞》說：「太初者，氣之始也；太始者，形之始也；太素者，質之始也。」又云：「清輕者上為天，濁重者下為地。」

上文言，氣為清輕，屬於天，形質為濁重，屬於地，因為萬物皆由天地之氣所化生，所以死後骸骨（形、質），精神（氣），也將各自返歸天地。所以《天瑞》又云：「精神者，天之分；骨骸者，地之分。屬天清而散，屬地濁而聚。精神離形，各歸其真，故謂之鬼。鬼，歸也，歸其真宅。黃帝曰：『精神入其門，骨骸反其根，我尚何存？』

列子所說的「形」與「氣」即為《左傳》、《禮記》等書中所說的「魄」與「魂」，只是列子認為精神和骨骸將因人之死亡而離散，返歸大自然，因此不復有我之存在，我既不存，鬼神之事便不必再論究。但殷周時期的先民卻認為人死後，魂盛者上升於天為神；魄盛者，留處於地，為鬼為厲，所以《左傳》云：「匹夫匹婦強死，其魂魄猶能憑依於人」，然而無論神鬼，皆能禍福於人，因此必須加以恭敬祭祀方能求得平安[5]，這也是祭祀的由來。

---

[5] 蕭登福（2001）。《先秦兩漢冥界及神仙思想探原》，頁5-55。台北：文津出版社。

第三節 神、魂、鬼、魄在生命多重結構上的詮釋

若從生命多重結構來探討神魂、鬼魄之概念，應該可以作如下的詮釋；從前面的歸類中，我們知道「神」、「魂」同屬於氣類，具有光明、活動力佳、自由度高、清輕上浮、動態多變等之特性，因此我們可以把「魂」類比為「心靈」或「靈魂」，「神」類比為「信息」。它是屬於生命的上層結構，主司計算、思考、直覺等精神方面之生命功能。

「魄」是屬於物質化和身體同在，具有營養足則「魂」強健之特性，因此我們可以把「魄」類比為物質層次所傳遞出來的「信息波」，這個信息波包括機械波和電訊脈衝及電磁波，它是身體內各器官和系統用來維持生命功能所發出之信息。當然這個信息波也可以是「心靈」所發出，經過大腦仲介轉化後所形成的物質波。這個物質波是用來支配身體作出各種行為和動作，作為人體在功能上的展現。所以「用物精多則魂魄強，是以有精爽，至於神明」用生命多重結構來解釋，就是身體營養照顧得好的話，身體各器官和五臟六腑系統就能維持應有的功能，發出正確的物質波，身體健康的話，心靈的思慮、計算功能就會加強，「至於神明」是指信息明朗清楚的意思。「形」就是指身體，當生命存在的時候，這個身體包含物質、能量、信息、心靈四重結構，展現生命萬象。當人死後「形」與「魄」同歸於大地，稱為「鬼」❻。因此「鬼」的定義

---

❻ 《禮記・祭義》：「眾生必死，死必歸土，此之謂鬼。」《列子・天瑞篇》：「精神離形，各歸其真，故謂之鬼。」

應包含「形」與「魄」，「形」在人死後就成為骨骸為屬於物質層次，「魄」是骨骸所發出之信息，這種信息為屬於物質層次的波動。

總結「神」、「魂」、「氣」與「鬼」、「魄」、「形」之概念，在以生命多重結構為理論基礎之條件下可以作如下之詮釋：當生命存在的時候，精神與肉體相結合，「神」、「魂」代表精神層次的「心靈」與「信息」，「形」、「魄」代表生理層次的「物質」與「能量」和「由物質所發出之信息」，這兩大塊同時運行，展現出多樣化的生命功能，人死後屬於「陽氣」的「神」、「魂」依其清輕上浮之特性，上升於天化歸為天氣。屬於「陰氣」的「形」、「魄」依其濁重之特性回歸於大地。這就是《禮記·郊特牲》所說的：「魂氣歸於天，形魄歸於地，故祭求諸陰陽之義也。」和《列子·天瑞篇》：「精神者，天之分；骨骸者，地之分。屬天清而散，屬地濁而聚。精神離形，各歸其真；故謂之鬼。鬼，歸也，歸其真宅。」這是結合《禮記》與《列子》在生命多重結構上的詮釋。

第四節　自然氣化的變相

西元前八二七年《國語·周語上》記載，虢文公勸諫周宣王恢復籍田禮時談到：

古者，太史順時覛土，陽癉憤盈，土氣震發，農祥晨正，
日月底于天廟，土乃脈發。先時九日，太史告稷曰：自今

至于初吉，陽氣俱蒸，土膏其動。弗震弗渝，脈其滿眚，
穀乃不殖。……稷則偏誠百姓，紀農協功，曰：「陰陽分
布，震雷出滯。士不備墾，辟在司寇。」

上文提到了「土氣」、「陽氣」、「陰陽分布」，按夏朝月
令《夏小正》[7]記載：「日冬至，陽氣至始動。」、「蓋陽氣且睹
也」，可知文中「陽氣俱蒸，土膏其動」意謂冬至時令，陽氣由地
中蒸騰而上，地氣發揚所引發之震動。「陰陽分布，震雷出滯」是
指陰陽之氣分布在天地間，當時序達到驚蟄的時候正好陰陽二氣達
到平衡停滯的時候。此時大自然的演化就會以打雷和降雨來打破
這個陰陽膠著的狀態，讓陰陽二氣能繼續交流。這也就是《內經
素問・陰陽應象大論》說的：「地氣上為雲，天氣下為雨，雨出地
氣，雲出天氣」。其後西元前七八〇年《國語・周語上》記載：
「夫天地之氣，不失其序。若過其序，民亂之也。陽伏而不能出，
陰迫而不能蒸，於是有地震。」據三國韋昭注：「烝，升也。陽氣
在下，陰氣迫之，使不能升也。」、「陰陽相迫，氣動于下，故地
震也。」，從上面兩段文字記載可知氣的概念在周朝已非僅是呼吸
之氣，或風雲之氣等具體而直觀之物質，而是和自然現象有著聯繫
關係的概念。陰陽二氣的流行分布表示氣在當時的概念裡已具有運
動的功能，而運動的方向是屬於上下交流之形式[8]，這種運動和四
時之變化有直接的關系，當運動停止的時候，代表陰陽二氣停滯不
能交流，就會引發地震等災變現象發生，這種思想顯示當時的古人

---

[7] 《夏小正》傳說為夏朝之月令，但寫作年代和編纂過程不詳。

[8] 《禮記・月令篇》：「天氣下降，地氣上騰。」

已經把氣的動態屬性和宇宙運動緊密結合在一起，認為氣和天地間之運行，有著極為密切的關係。據《左傳》昭公元年記載，秦國醫和認為：「天有六氣，降生五味，發為五色，徵為五聲，淫生六疾。六氣曰陰陽風雨晦明也。分為四時，序為五節，過者為菑」，上文表示在春秋時期的概念裡，氣的表現形式又細分為「陰」、「陽」、「風」、「雨」、「晦」、「明」六種型態。

除了和春夏秋冬四時有關以外[9]，由眼所觀，耳所聞，口所嚐等人體知覺所及之宇宙萬物，皆為六氣所生，可見「氣」在當時的概念裡已具有生發萬物的功能屬性。其後老子以「道」，莊子以「氣」作為生命之本源，以「氣」的陰陽消長和循環作用過程，描述氣在自然界的動態行為，藉以說明生命演化的過程，確立了「氣」為萬物之源的宇宙論。到了漢朝更把氣的思想滲透到政治、經濟與人倫社會，把宇宙間的萬事萬物透過氣的聯繫，架構出綿密的網絡系統，建構出中華民族特有的宇宙觀，也就是人天相應的宇宙圖式。

氣的學說，到了宋朝以後有了重大的發展[10]。北宋著名的哲學家張載，則以莊子之「氣化論」的學說為基礎，提出「太虛即氣，則無無」的命題；認為宇宙初生即為氣所包圍，整個空間並非空無一物的虛無，即一切的虛空，就是氣的本然存在，萬物的演化與萬象之存在方式實即氣的運動所造成，所以氣聚為物、為象，散而為

---

[9] 杜預《注》：「六氣並行，無時止息，但氣有溫暑寒涼，分為四時，春夏秋冬也。」

[10] 劉長林（1993）。〈說氣〉。引自楊儒賓，《中國古代思想中的氣論及身體觀》，頁115。台北：巨流出版社。

氣、為虛，這種外在型態之變化皆為氣之作用，所以張載《正蒙・太和篇》說：「太虛無形，氣之本體，其聚其散，變化之客形爾」，張載的這些論述其實源自莊子的「氣化論」。唯一的不同點是對於宇宙初生之本源，老莊認為宇宙演化的初始階段是一片混沌狀態，老子認為是不可名狀的恍惚。莊子認為是芒芴，兩人觀點一致。而張載卻認為只有氣，才是宇宙生發之本源。宇宙的混沌和有序態皆統一於氣。這是屬於以氣為物質的唯物論。

張載的元氣學說大致上皆為莊子「氣化論」的延伸，歸納起來有下列三個重要的論點：

第一，提出「太虛即氣，則無無」的命題就是認為氣是充滿整個空間，成為一種連續性，且無所不在的基始物質，張載的元氣學說直接否定了原始的宇宙是空無一物的虛無。這是在講述氣的不滅性的特點。

第二，張載認為一切自然現象都是氣的運動過程。所以《正蒙・神化篇》云：「所謂氣也者，非待其鬱蒸凝聚，接於目而後知之，苟健、順、動、止、浩然、湛然之得言，皆可名之象爾。然則象若非氣，指何為象？」。「鬱蒸凝聚」是指氣聚成形的有形之物。張載認為不僅眼所能見的有形之物是氣所造成，即令宇宙間存在的現象，包括飛躍、穩定、發動、靜止、擴張、深化等皆為氣之本體的演化使然。這是在講述氣的中介性。張載的這段論述，實際上已經認為氣具有信息之涵義在裡面。

第三，張載認為氣的運動包括聚散、明幽兩種型態和現象。《正蒙・太和》云：「太虛不能無氣，氣不能不聚而為萬物，萬物不能不散而為太虛。」又云「氣聚則離明得施而有形，氣不聚則離

明不得施而無形。故聖人仰觀俯察，但云知幽明之故。」[11]即氣的吸引和凝聚一直到成形為屬於明朗可見的一面；氣的排斥和分散為屬於幽暗不可見的一面。二者對立，相互作用，相互轉化。所以明代學者高攀龍於《正蒙釋・太和》中解釋說：「聚為散之因，散為聚之故。聖人仰觀俯察而知幽明之故，不立有無之見也。幽明之故，以聚散而已。」亦即氣存在於太虛中，只有聚和散兩種延續性的循環運動。而這種運動造成可見與不可見兩種現象存在。因此自然世界中不會有氣之有無和物質產生與消滅之中斷性結論[12]。

　　總結張載的元氣論學說就是認為氣為萬物生發之本源，氣的運動只有聚和散兩種型態，這種運動過程會造成顯露和隱藏即明與幽兩種現象，所有這些現象都是氣的作用結果，而氣的吸斥與轉化過程其實就是信息的傳遞。

　　南宋的大儒朱熹，提出「氣本於理」的主張，認為支配萬物的法則稱為「理」，在「理」的支配下，才有各種氣的運動和宇宙萬象的產生，朱子曰：

> 但有此氣，則理便在其中。[13]
> 天地之間，有理有氣。理也者，形而上之道也，生物之本也；氣也者，形而下之器也，生物之具也。是以人物之生，必稟此理，然後有性；必稟此氣，然後有形。其

---

[11] 張載（宋）（1983）。《張載集》，頁7-8。台北：漢京文化。

[12] 林德宏、張相輪（2001）。《東方的智慧——東方自然觀與科學的發展》，頁145。台北：理藝出版社。

[13] 《朱子語類・卷一》。

性其形，雖不外乎一身，然其道器之間，分際甚明，不可亂也。[14]

朱熹發揮《易經》「形而上」與「形而下」之概念認為理是形而上的自然法則，亦存於人之本性中，人通過道德倫理的實踐以後，可以認識自己的本然之性，進而認識宇宙大自然之「理」，朱子把這種實踐過程稱為「格物致知」，或「窮理」。這是典型的心物合一論，也是朱子對老子「道／器」理論的進一步發揮。

明清之際的王夫之發揮了氣的中介性與無所不在的特點，把氣和場相類比，在《張子正蒙注・動物篇》中談到：「物各為一物，而神氣之往來於虛者，原通一於絪縕之氣。故施者不吝施，受者樂得其受，所以同聲相應，同氣相求。琥珀拾芥，磁石引鐵，不知其所以然而感。」

王夫之把聲音的振動感應和陰陽二氣相吸，以及靜電吸引和磁石吸鐵等等自然界中的感應現象當作是透過氣的傳遞所產生的作用。這是以氣為中介產生感應之特性，說明在物質界所產生的物理現象。

總結元氣論學說中關於氣的特性大致上可以歸納如下：

1. 氣的本源性：氣為宇宙萬物之本源，不生不滅，永恆存在，運行不息。
2. 氣的連續性：氣充塞在天地之間，具有連續不間斷之特性，故萬物皆可藉此特性不分時空地域達到感應之功能。

---

[14]《朱文公集・答黃道夫》，引自楊儒賓（1993），《中國古代思想中的氣論及身體觀》，頁115。台北：巨流圖書公司。

3.氣的多元性：氣具有精神與物質兩個面相存在，二者相互滲透融合相互轉化。

4.氣的感應性：由於萬物本源於氣，而氣又充塞在整個天地間，故萬物皆可以氣為媒介而感通。

5.氣的變為性：陰陽二氣的消長與循環變化，構成宇宙萬物在大自然間的演化，萬物與時俱變，也因同為一氣所生而構成聯繫，所以物與物之間結合成生命的共生系統，萬物皆息息相關，而又相互影響。

　　綜上所述可以發現氣的「本源性」和「變為性」構成氣的運動，而氣的運動又構成氣的「多元性」，所以萬物乃據此而生，氣的「連續性」是「感應性」的前提，因此萬物乃據此「氣」而聯繫成為一共生系統。

　　綜合張載的論述其實大部分延續自莊子的氣化論，例如「太虛即氣」的理論即為「通天下一氣」的概念，而氣的聚散說即為莊子的「氣化過程」，氣的感應性就是莊子的「物化論」中的人與物之間的互化理論。因此說到底，自老、莊以降乃至現代，有關氣學的論述基本上仍不脫出老、莊思想的範疇。

第四章　天人合一論

　　人類文明進入農業生產以後，即開始與生產息息相關的天象演變作密切觀察，而天道之循環演變在自然中體現的是四時、五行、六氣、八風、十二節之常規和人文上的秩序與和諧內涵，於是周王朝統治天下以後即擷取天道常規，以秩序與和諧作為治國之理念，將之融入在與人民息息相關的祭祀活動當中，把秩序與和諧之精神融入禮樂制度，透過祭祀和慶典活動的儀式和樂舞來表達，深化至貴族和平民百姓的生活當中，這是符應天道之名，行統治之實的政治手段，也是人天相應思想建立的開端。本章分從天人與禮樂的聯繫相應關係說明秩序與和諧之內涵如何被體現，以及時空效應擴大後所產生之天人宇宙觀。

第一節　祭祀與禮樂

　　中國的農耕文化至殷商時期已漸趨發展成較為固定的生產方式❶。因為農業生產和天象氣候之關係密切，因此觀察自然天象之變化，了解自然之循環週期，掌握農耕之生、長、斂、藏，以與自然和諧共榮在當時的農業社會裡，成為生存之必要條件，但即使天行有常，先民對於天象的變幻莫測，與突如其來的旱澇蟲害等天災。仍有不能理解與預測之恐懼，因此寄望於天地鬼神，以祈農產豐收、人口平安之祭祀文化遂與農業生產緊密結合、俱時演化成為中國農業文明相當特殊的景象。

---

❶　林素英（2003）。《禮學思想與應用》，頁93。台北：萬卷樓。

　　所謂的鬼神，可以說是先民在反應現實社會生活中所創造出來的崇拜對象。從社會文化活動當中所展現出來的宗教活動，往往可以反映出當時的社會型態與內涵❷。

　　因此中國祭祀文化的原初型態及主體內容與原始的宗教活動有相當多的聯繫，並演變發展成為包括生活方式、倫理風範、社會制度在內的文化體系，這些體系總結以「禮」字作為其中心思想。

　　據許慎《說文解字》記載：「禮，履也，所以事神致福也，從示從豐，豐亦聲」；而「示，神事也」；「豐，行禮之器也。從豆，象形」；「豆，古食肉器也」，示是祭祀用的桌石，王國維在《觀堂集林‧釋禮》中指出：「盛玉以奉神人之器謂之豐若豐，推之而奉神人之酒醴亦謂之醴，又推之而奉神人之事，通謂之禮。」郭沫若在《十批判書‧孔墨的批判》中亦指出：

　　禮是後來的字。在金文裡面，我們偶然看見用豐字的。從字的結構上來說，是在一器皿盛二串玉具以奉事於神。〈盤庚篇〉裡面所說的「具乃具玉」，就是這個意思。大概禮之起源於祀神，故其字後來從示，其後才擴展而為對人，更其後拓展而為吉、凶、軍、賓、嘉各種儀制。

　　由上面的釋義可以了解「禮」的最初涵義是指祭神的器物和儀式，和上古時期先民祭祀鬼神的原始禮儀有著淵源的關係❸。

　　《禮記‧禮運》從中國社會發展與變遷之角度論述禮之起源與

❷ 張鶴泉（1993）。《周代祭祀研究》，頁2。台北：文津。

❸ 劉清河、李銳（1992）。《雅風美俗之先秦禮樂》，頁1-2。台北：雲龍出版社。

功用時談到：

> 夫禮之初，始諸飲食，其燔黍捭豚，汙尊而抔飲，蕢桴而
> 土鼓，猶若可以致其敬於鬼神。……昔者先王未有宮室，
> 冬則居營窟，夏則居橧巢；未有火化，食草木之實，鳥
> 獸之肉，飲其血，茹其毛；未有麻絲，衣其羽皮。後聖有
> 作，然後修火之利，範金，合土，以為臺榭宮室牖戶；以
> 炮，以燔，以亨，以炙，以為醴酪；治其麻絲，以為布
> 帛。以養生送死，以事鬼神上帝，皆從其朔。故玄酒在
> 室，醴醆在戶，粢醍在堂，澄酒在下，陳其犧牲，備其鼎
> 俎，列其琴瑟，管磬鐘鼓，修其祝嘏，以降上神與其先
> 祖，以正君臣，以篤父子，以睦兄弟，以齊上下，夫婦有
> 所。是謂承天之祐。

《禮運》認為禮的形式起源於飲食、祭祀等日常生活，並隨社會進化而變遷。原始時代，「燔黍捭豚，汙尊而抔飲」生活簡陋為「致其敬於鬼神」以求福蔭，便有了祭祀和禮。「蕢桴而土鼓」，為娛樂鬼神，又有了樂[4]。

隨著社會之發展，生活改善後，先民雖住有臺榭宮室，食有炮燔亨炙，衣有麻絲布帛，樂有琴瑟管磬鐘鼓，但祭祀文化仍未有消失，反而從「養生送死，以事鬼神上帝」擴大發展到「以正君位，以篤父子，以睦兄弟，以齊上下，夫婦有所」之範圍。

這一論述說明了祭祀文化和生活的聯結，認為禮樂來自生活，

---

[4] 蔡仲德（1993）。《中國音樂美學史》，頁410。台北：藍燈出版社。

同時也因社會型態之改變而有所變遷。並且突顯先民行禮作樂之目的在「致其敬於鬼神」,「事鬼神上帝」,「降上神與先祖」是在祈求鬼神之庇祐。

從《禮記・表記》:「殷人尊神,率民以事神」及《殷虛書契前編》:「戊子貞,王其羽舞;吉」可以看出在殷商社會裡,祭祀已成為日常生活中的一部分,如祭祀天地、日月、星晨、山川、風雨、雷電、鬼神、祖先等,商王甚至亦曾頭戴鳥羽,帶領百姓跳起祭祀之舞。如《禮記・禮運篇》所述禮樂成為祭祀文化之表徵,其中心內涵是建立在「致其敬於鬼神」而後回饋以「承天之祐」的主觀意識上,因此在天人交感之心理作用下,相信天地鬼神和人一樣有生命和感情,會降福消災、庇祐百姓,因此在周以前的先民們所舉行的祭祀樂舞,其目的都是在於取悅天地鬼神以求其保護,所以樂曲儀式自由而活潑,但也容易因其樂舞形式之無侷限性,在以媚神為主要目的,且神格皆為擬人化之作用下,很容易把人的七情六慾過度發展,創造出恣情縱意的樂舞風格,尤其對於掌握權勢與財富之帝王,更容易藉此舞樂而耽迷於逸樂,據《史記》記載商紂王寵幸妲己,為滿足享樂之慾望,以極刑威脅樂師師涓創作出能激發情慾之「靡靡之音」和「北鄙之舞」導致紂王因此而縱情聲色,最後為了追逐情慾之極致,荒廢朝政,造成殷商王朝之敗亡[5]。

[5] 劉清河、李銳(1992)。《雅風美俗之先秦禮樂》,頁145-193。台北:雲龍出版社。

第二節　周朝禮樂

師涓所創作之「靡靡之音」和「北鄙之舞」係，取材自民間樂舞，所以在祭祀以取悅鬼神為目的，而鬼神皆為擬人化之神格比附下，很容易過度發展人的情志，創作出以滿足慾望為主題之樂舞曲式，尤其是在商紂王奢靡之風氣影響之下，上行下效，更是容易造成百姓耽於逸樂，不圖振作之歪風，因此周王朝在取得天下後，記取殷商滅亡之教訓，力圖導正，於是從先民為生存而奮鬥的經驗累積所得到，對「天道」之認識，擷取自然現象和人間秩序，渾然為一之和諧精神，創造出以「德」、「禮」為核心之「禮」「樂」思想，並藉祭祀樂舞之形式來表達以融入百姓生活中，以達到教化人心，長治久安之目的。

《禮記‧樂記第十九》談到：「先王之制禮樂也，非以極口腹之欲也，將以教民平好惡而反人道之正也。」這裡所說的「人道」其實就是指仿「天道」運行之秩序與和諧之「德」「禮」精神。

周人對「天道」的認識來自於生活實踐經驗之累積，其概念從《周易》中可看出端倪，據《周易‧繫辭下傳第二章》記載周易之本源與作用為：

> 古者包犧氏（按即伏犧氏）之王天下也，仰者觀象於天，俯者觀法於地，觀鳥獸之文，與地之宜。近取諸身，遠取諸物，於是始作八卦，以通神明之德，以類萬物之情。

亦即八卦起源於天地自然間之景象，伏犧氏取象比類，以作八卦之目的就是在人與天之間搭起溝通之橋梁，以解自然萬象之信

息，因此所謂的易經最初的作用其實是用來卜筮。《蕭吉‧五行大義》有謂：

> 是以聖人體於未肇，故設言以筌象，立象以顯事，事既懸有，可以象知，象則有滋，滋故生數，數則可紀，象則可形，可形可紀故其理可假而知，可假而知則龜筮是也[6]。

伏犧氏所作的八卦稱為先天八卦，是用陽爻（—）和陰爻（——）構成之橫劃，每劃以三爻組成，構成八種符號代表天地自然之象徵意義如天（乾☰）、地（坤☷）、風（巽☴）、雷（震☳）、水（坎☵）、火（離☲）、山（艮☶）、澤（兌☱），其後至神農氏時期發展出「連山易」和黃帝時期之「歸藏易」，但現均已失傳，逮至周文王姬昌演經立義，從八卦中擷取兩個畫卦，組成六十四個卦，每卦六個爻，總共三百六十四爻。用以說明自然現象與人事變化之法則，稱為後天八卦。如乾為天（乾☰）、天地否（否䷋）、地天泰（泰䷊）等。現在所流傳的《易經》又稱為《周易》就是為了紀念周文王演經立義而取名，和前面所述的《連山易》及《歸藏易》在易學上共稱為「三易」[7]。

周易的內容包括「經」和「傳」，「經」即是卦辭為周文王所撰，爻辭是由周文王之子周公旦所著，例如乾卦之卦辭為「元亨利貞」，爻辭為「初九、潛龍勿用」。「傳」是從哲學的角度

---

[6] 蕭吉（1993）。《五行大義》，頁13。台北：武陵出版社。

[7] 李易儒（1996）。《易經之道》，頁11。台北：藍燈出版社。

詮釋「經」義，也可以稱為「經」之注解，內容包括《彖上》、《彖下》、《象上》、《象下》、《繫辭上》、《繫辭下》、《文言》、《說卦》、《序卦》、《雜卦》等十篇，統稱「易大傳」或「易傳」，也稱為「十翼」，約作於戰國至秦漢之間[8]。

　　易經的內容包括氣、陰陽、五行、理、象、數和先民對自然及社會之體驗和認識等。周易以這些內涵說明宇宙萬有之起源及相互間之聯繫和運動，說明天道運行之規則，如以十二辟卦：復、臨、泰、大壯、夬、乾、姤、遯、否、觀、剝、坤。說明二十四節氣運行之原理，十一月（子）由大雪而冬至；一陽來復，陽氣始生故為復卦（▤）；十二月（丑）由小寒而大寒，陽氣漸增，氣機生長故為臨卦（▤）；正月（寅）由立春而雨水，大地回春，萬物欣欣向榮，故為泰卦（▤）；二月（卯）由驚蟄而春分，陽氣普施，萬物皆壯實，故為大壯卦（▤）；三月（辰）由清明而穀雨，陽氣強旺，萬物茂盛，故為夬卦（▤）；四月（巳）由立夏而小滿，陽氣運行至於極端，故為乾卦（▤）；五月（午）由芒種而夏至，陽極陰生，氣機收斂；故為姤卦（▤）；六月（未）由小暑而大暑，陰氣生長，陽氣減退，故為遯卦（▤）；七月（申）由立秋而處暑，陰陽不交，萬物凋零，故為否卦（▤）；八月（酉）由白露而秋分，陰氣漸生，萬物靜翕之始，故為觀卦（▤）；九月（戌）由寒

[8] 蔡仲德（1993）。《中國音樂美學史》，頁250。台北：藍燈出版社。

露霜降，陽氣漸失，萬物剝落，故為剝卦（☷☶）；十月（亥）陽氣
消亡，陰氣上升到極點，故為坤卦（☷☷）❾。

　　《周易》以十二辟卦說明天道運行之法則，源自陰陽氣機之
轉換，這是從哲學之角度來詮釋，但是對平民百姓而言「四時」、
「五行」、「六氣」、「八風」毋寧是生活中對天道的循環演變，
最質樸之體驗與認識，所謂的「四時」就是指春、夏、秋、冬四季
的季節變化。「六氣」是指陰、陽、風、雨、晦、明的氣候變化。
「八風」是指隨著季節與氣候變化，所吹襲而來自不同方向之風，
包括東、西、南、北、東南、西南、東北、東北等。「五行」是指
金、木、水、火、土，依據《尚書大傳》記載，武王伐紂到商郊牧
野決戰前夕，士兵情緒高昂唱著：「孜孜無怠。水火者，百姓之所
飲食也；金木者，百姓之所興作也；土者，萬物之所資生，是為人
用」，顯示平民百姓在食衣住行日常生活中對金、木、水、火、土
的認識和運用❿。

　　周王朝建立以後，周文王次子周公旦從百姓對於天道之認識
中，把握天道運行之規則，擷取「秩序」與「和諧」作為中心思
想，提出「順天應人」之治國理念。從人法天之基礎上，以天行有
序，類比人倫社會，建立「天地、夫婦、父子、君臣、上下」之等
級秩序，讓每一個人在不同的社會階級中，各安其份，不得僭越。
這是周王朝以人合天之名，達治人之實，用「周禮」作為形式表

❾ 李易儒（1996）。《易經之道》，頁41。台北：藍燈出版社。

❿ 劉清河、李銳（1992）。《雅風美俗之先秦禮樂》，頁107。台北：雲龍
　出版社。

達，以為長治久安之目的，其實際運用在祭祀上據《禮記‧王制》記載：

> 天子祭天地，諸侯祭社稷，大夫祭五祀[11]，天子祭天下名
> 山大川，五嶽視三公，四瀆視諸侯，諸侯祭名山大川之在
> 其地者。

從這裡可以看出從「等級秩序」之概念所延伸下來的祭祀，其祭祀之神祇依主祭者等級高低有所不同，等級愈高，祭祀的對象越多，反之越少。祭祀所用之樂舞也因祭祀之神祇不同而有分別，如《周禮‧春官宗伯》記載：

> 乃分樂而序之，以祭、以享、以祀；乃奏黃鐘，歌大呂，
> 舞〈雲門〉以祭天神；乃奏太簇，歌應鐘，舞〈咸池〉以
> 祭地祇。乃奏姑洗，歌南呂，舞〈大磬〉以祀四望。乃
> 奏蕤賓，歌函鐘，舞〈大夏〉，以祭山川。乃奏夷則，歌
> 小呂，舞〈大濩〉以享先妣。乃奏無射，歌夾鐘，舞〈大
> 武〉以享先祖。

文中〈雲門〉、〈咸池〉、〈大磬〉、〈大夏〉、〈大濩〉、〈大武〉稱為「六代之樂」。是周樂集前代樂舞重新編排所制訂出來，綜合詩、歌、舞、樂於一體，用於祭祀之典禮音樂。

〈雲門〉又稱雲門大卷，是黃帝創制之樂舞；〈咸池〉又稱〈大咸〉是堯帝時的樂舞；〈大磬〉即〈大韶〉，又稱〈蕭韶〉、

---

[11] 依《周禮‧春官‧大宗伯》五祀指：春神句芒，夏神祝融，秋神蓐收，冬神玄冥及中央后土。

〈韶箾〉等，是虞舜時的樂舞；〈大夏〉為禹時之樂；〈大濩〉是商湯之樂；〈大武〉為歌頌周武王伐紂立國功業之樂舞。

　　據《論語》記載魯國大夫季孫氏在家中以天子樂，八佾之舞[12]行祭祀，孔子為此痛心疾首，視為大逆不道，因為按照周禮「天子八佾，諸公六佾，諸侯六佾，大夫四佾」，季孫氏此舉等於是僭越犯上，破壞體制。所以孔子基於維護禮制之立場認為絕對不能容忍[13]，但光有等級秩序而無親愛精神，則人與人之間極易因交相利，而相互鬥爭，成為社會之亂源，誠如《荀子・性惡篇》所述：

> 人之性惡，其善者偽也。今人之性，生而有好利焉，順是，故爭奪生而辭讓亡焉；生而有疾惡焉，順是，故殘賊生而忠信亡焉；生而有耳目之欲，有好聲色焉，順是，故淫亂生而禮義文理亡焉，然則從人之性，順人之情，必出於爭奪，合於犯分亂理而歸於暴。故必將有師法之化，禮義之道，然後出於辭讓，合於文理而歸於治。

　　這是荀子從人性本惡之角度說明人皆有慾望，當慾望得不到滿足時就會產生怨恨，當怨恨之心無法自我節制時，便會產生爭奪，造成社會的混亂，因為慾望與怨恨皆產自人心，因此如何節制慾望，平抑人心成為周公制禮作樂之主題，於是周公從人法天之主軸上體會到，除了天行有序外，天與萬物之間實際上仍存在相互聯繫

---

[12] 據《左傳・隱公五年》載魯隱公為演「萬」舞而問羽數於眾仲答曰：「天子用八，諸侯用六，大夫用四，士二。」杜預注：「八八六十四人，六六三十六人，四四十六人，二二四人。」

[13] 《論語・八佾第三》：「孔子謂季氏，八佾舞於廷，是可忍也孰不可忍也。」

與作用之關係，並同時處於一個和諧的結構體系內，因此把和諧套疊在人倫社會中，就是讓不同等級的人，不僅能夠親其親，亦能親其上下，因此父義、母慈、子孝、兄友、弟恭，成為社會和諧之基本要義。

有德之人是形容能與人相處和諧之人，從人道與天道一致的立場上來看，以德和天，其實就是把握和諧與秩序之精神，讓人和天同步運動，並處在和階有序的循環體系當中。

所以《禮記・樂記第十九》說：「先王之制禮樂也，非以極口腹之欲也，將以教民平好惡而反人之道之正也。」人道在周人眼中就是德禮，「德」的審議價值取向，決定了周朝的祭祀之樂，必須致中和，以達教化人心與人和睦相處之目的，而禮的合天道，又決定了周朝的祭祀之樂必須和自然的陰陽、四時、五行、八方、十二月的秩序一致，也必須遵循人倫社會的上下、尊卑、長幼秩序。因此《禮記・樂記》云：

> 大樂與天地同和。大禮與天地同節。和，故百物不失；
> 節，故祀天祭地。明則有禮樂，幽則有鬼神，如此，則四
> 海之內合敬同愛矣。則四海之內合敬同愛矣；禮者，殊事
> 合敬者也；樂者，異文合愛者也。

這說明周公制禮作樂是在法天地之秩序與和諧並落實到人倫社會，使上下不同等級能互相敬愛，和睦相處，從而構成世界和諧協調之秩序，所以要讓上下人倫有序不去爭奪，須從平抑人心下手，具體的作法是讓祭祀所用之音樂、平和、和諧，要達到這個目的最直接的作法就是「仿天道」之和諧。據《漢書・律曆志》載：

黃帝使伶倫自大夏之西，崑崙之陰，取竹之解谷，生其竅
厚均者，斷兩節間而吹之，以為黃鐘之宮，制十二筩以聽
鳳之鳴，其雄鳴六，雌鳴亦六，比黃鐘之宮，而皆可以生
之，是為律本。

《呂氏春秋・大樂》篇：

惟天之和，正風乃行，其音若熙熙淒淒鏘鏘，帝為顓頊好
其音者，乃令飛龍作效八風之音，命之曰《承雲》。
音樂之所由來者遠矣，生於度量，本於太一，太一出兩
儀，兩儀出陰陽……形體有處，莫不有聲，聲出於和，和
出於適。和適，先王定樂，由此而生。……凡樂，天地之
和，陰陽之調也。

　　這三段文字說明音樂源自於對自然之聲之模仿，因為天地陰陽
變化，與日月運行，都是在規律與和諧的架構中運動，因此音樂的
和階也是在摹仿與反映自然之和，而摹仿的具體作為就是將自然之
聲落實在音律與樂器上[14]，據《周禮・春官宗伯》記載：

大師掌六律六同以合陰陽之聲，陽聲：黃鐘、大蔟、姑
洗、蕤賓、夷則、無射。陰聲：大呂，應鐘、南呂、函
鐘、小呂、夾鐘。皆文之以五聲：宮、商、角、徵、羽；
皆播之以八音：金、石、土、革、絲、木、匏、竹。

　　六律六同指的就是十二律呂，按伶倫作樂定律之法，是以長九

---

[14] 蔡仲德（1993）。《中國音樂美學史》，頁233。台北：藍燈出版社。

寸之竹管定為黃鐘之音律，並依陰陽互配之規律，循環計算，每隔八位，比照黃鐘管之長度加減1/3，即制成與十二個音相一致的十二個音律管，這種定律之法稱為「三分損益，隔八相生」。因為黃鐘的第八位是林鐘，因此把黃鐘之管長減1/3即成林鐘管，林鐘的第八位是太簇，於是把林鐘管長度加1/3即成太簇，以此類推可得：黃鐘下生林鐘；林鐘上生太簇；太簇下生南呂，南呂上生姑洗；姑洗下生應鐘；應鐘上生蕤賓；蕤賓上生大呂；大呂下生夷則；夷則上生夾鐘；夾鐘下生無射；無射上生中呂共十二種音律。因此《漢書‧律曆志》云：「古之神瞽，考律均聲，必先立黃鐘之均。……黃鐘之管，以九寸為法。」《周禮》中的「六律六同」鄭康成注云：「黃鐘為首，其長九寸，各因而三分之。上生者益一分；下生者損一。」就是這個道理[15]。有了十二律以後，為符「天道」於是把十二律依照「黃鐘者，陽氣踵黃泉而出也」，「太者大也，簇者湊也，言萬物始，大湊地而出之也」之陰陽候氣理論，比附於十二月令，因此而有：黃鐘十一月，大呂十二月，太簇正月，夾鐘二月，姑洗三月，仲呂四月，蕤賓五月，林鐘六月，夷則七月，南呂八月，無射九月，應鐘十月，每月配合音律之不同而有不同的樂器，如黃鐘鐘、黃鐘磬、黃鐘笙、黃鐘蕭、太簇鐘、太簇磬、太簇笙、太簇簫等[16]，依金、石、木、革、絲、木、匏、竹等八種不同之天然材料所製成之樂器，配合角、徵、宮、商、羽五音，譜成祭祀用的樂章，這就是「文之以五聲，播之以八音」的意義。在實際應用

[15]　許之衡（1999）。《聲律學》，頁38。台北：學生書局。

[16]　許之衡（1999）。《聲律學》，頁6、38、67。台北：學生書局。

於祭祀的例子依《周禮・春官宗伯》記載：

> 舞〈雲門大卷〉、〈大成〉、〈大磬〉、〈大夏〉、〈大濩〉、〈大武〉；以六律、六同、五聲、八音、六舞大合樂，以致鬼神，以和邦國，以諧萬民，以安賓客，以說遠人，以作動物。

從上面可以看出來，符合自然天道的「六舞大合樂」在祭祀的作用上，就是在祈求鬼、神庇佑邦國，與萬民之和諧，「和邦國」指君臣之和，「諧萬民」指君民關係之和，「安賓客」、「說遠人」，表示音樂具有安神平心的效果，「致鬼、神」和「作動物」表示六舞大合樂可以與天地萬物相通。

第三節　禮樂與「人天相應」之思想原理

音樂既有和諧及與萬物相通之功能，則其原理何在？《禮記・樂記・樂言》在探討音樂的本源時，認為音樂起自人心，心為認識萬物之本源，所以《樂言》說：「民有血氣心知之性，而無哀樂喜怒之常，應感起物而動，然後心術形焉。」《樂本》說：「物至知知，然後好惡形焉。」

「血氣」一詞原指動物的血液與氣息，此處意指人的本性，感情而言，「心知」即智力，「心術」指內心的思想感情，《樂言》此句意為：人的感情是與生俱來的，它並沒有常態性的具體表現，但是當它接觸到外物，內心的感情便會激發起來，而有喜、怒、

哀、樂各種情緒上的表現。相同的理論《樂本》認為人的智力也是一樣，也是與生俱有，當受到外物的影響，本性所固有的智力便能起作用去認識事物，起判斷，激發固有之情感，對外物表示好惡。因此所謂的「心術形焉」、「好惡形焉」，其實都是指本性所固有之感情流露與外顯，並非因外物之作用而產生感情或形成感情，所以《樂本》說：

> 樂者，音之所由生也，其本在人心感於物也。是故其哀心感者，其聲噍以殺；其樂心感者，其聲嘽以緩；其喜心感者，其聲發以散；其怒心感者，其粗聲以厲；其敬心感者，其聲直以廉；其愛心感者，其聲和以柔；六者非性也，感於物而後動。

文中所謂「哀心感」、「喜心感」，是指內心的情緒受到外物的影響，把固有的悲哀或快樂感情，激發表現出來，至於「六者」是指有諸於內之感情，受到激發以後，形諸於外之「聲」。整句話的意思是說：音樂的根源在於人心感應外物，使固有的感情激發出來，所以悲哀的心情受到激發，所發出的聲就急促而細小，快樂的感情受激發，所發出的聲就寬舒而和緩；喜悅的心情受到激發，所發出的聲就發揚而自由；憤怒的感情受到激發，所發出的聲就激烈而嚴厲；崇敬的心情受到激發，所發出之聲就正直而莊重；愛慕的心情受到激發，發出的聲就溫和而柔美，這六種聲就是人心感應外物，使固有的感情激動起來的結果。所以《樂記》認為音樂不是外物在人心中的反應，而是人的本性所固有的感情，因受到外物的投射所激發出來的反應，是本性在音樂中的顯露，也是天賦本性的一

種外現，因此音樂的本源在天之性，也就是「人心」。

　　因此《呂氏春秋》所說的「音樂之所由來者遠矣，生於度量，本於太一」，所指的「度量」就是指「人心」，而「太一」就是自然萬物之源，也就是老子所說「道生一」中之「一」，也是後來「元氣論」所說的「一元之氣」，「太一」經陰陽轉化所生之天地、山川、日月、風雨、雷電、四時、六氣、八風、十二月等自然萬象，均是音樂現象之源頭，而人心其實就是音樂的本質。

　　所以《樂本》說：「樂者，心之動也」，又說：「情動於中，故形於聲」，表示音樂所表現的，並非外物之形體或聲音，也不是具體的內心生活情感思想，而是人心在外物作用下之動態，即心情的運動與變化，所以聲、心、物三者在運動中就展現聲動、心動、物動之特徵及同態同構的關係。

　　《樂象》篇說：

> 凡奸聲感人而逆氣應之，逆氣成象而淫樂興焉；正聲感人而順氣應之，順氣成象而和樂興焉。倡和有應，回邪曲直各歸其分，而萬物之理各以類相動也。

　　這句話的意思是當人們感受到奸聲時，內心的逆氣就會應和它，逆氣一旦浮現，淫樂就會跟著興起；當正聲感染著人們的時候，內心的順氣就會跟著應和，當順氣浮現時，和樂就跟著興起了。唱與和互相響應，邪與正各有所歸，互不隸屬，這是萬物同類相應的原理。這也是闡述在正與邪的不同領域裡，「聲」與「心」主客觀之間的交互作用，相互影響的關係，「聲」（客體）可以相應於「心」（主體），即奸聲喚起逆氣，正聲喚起順氣，而「心」

（主體）又可以相應於「聲」（客體），即逆氣產生淫樂，順氣產生和樂，這說明「心」與「聲」在同態同構的運動過程中，所展現同類相應之共性關係[17]。也是《禮記‧郊特性》：「樂，陽氣也」；《說文解字》：「魂，陽氣也」，把魂（心靈）與樂歸類為同屬陽氣的另一種詮釋。

有關「同類相應」的應用例子據《國語‧周語》記載，周宣王在位時，不行藉田禮以勸農事，虢文公曾為此勸諫：

> 不可。夫民之大事在農……先時五日，瞽告有協風至[18]，王即齋宮，百官御事，……是日也，瞽帥、音官以風土[19]，……稷則遍誡百姓，紀農協功，曰：「陰陽分布，震雷出滯」。

虢文公認為人可以「以音律省土風」，測知風氣是否和暢，協風是否到來，這就是人為的聲律可以與自然之風、氣相通，即大自然氣與陰陽之轉化，可以改變四時之風，而人可以透過音律，測知四季風的屬性，了解是否適合耕種，這就是透過氣與陰陽在「同類相應」的基礎上，以客體（風氣所生之音律），和主體（人）產生相應。

另外一個例子就在《左傳‧隱公五年》記載，魯隱公為其庶母仲子之廟落成將行獻禮，擬演《萬》舞而問羽數於眾仲，眾仲答

---

[17] 蔡仲德（1993）。《中國音樂美學史》，頁356-370。台北：藍燈出版社。

[18] 韋昭注：瞽，樂大師，知風聲者也。協，和也，風氣和，時候至也。

[19] 韋昭注：音官、樂官，風土，以音律省土風，風氣和則土氣養也。

曰：

> 天子用八，諸侯用六，大夫四，士二。
> 夫舞所以節八音，而行八風，故自八以下。

關於樂舞「行八風」，唐孔穎達疏解釋：「八方風氣寒暑不同，樂能調陰陽，和節氣，八方風氣由舞而行，故舞所行八風也。」這種「行風」說認為音樂不僅可以與陰陽之氣，和四時之風相通，而且可以對風、氣進行調節，使之和暢，這就是主體（人）透過音律，影響客體（自然之風）的相應關係。這種相應的關係應用在現代的例子，據日人江本勝於《水からの伝言Vol.2》（《水的信息》）中曾記載於1999年7月25日早上4時30分於琵琶湖前邀集三百五十名群眾在法師領導下以感謝之心祝禱，結果經由水結晶之試驗證明：原本遭受污染之湖水所形成之醜陋結晶，竟然轉變為乾淨的活水所呈現的美麗結晶[20]。這種不可思議的現象，正是人與自然可以透過音律相應的一個例證。

周公制禮作樂，乃是取法天之秩序與和諧作為中心思想，其落實到政治、社會及人倫之體制上，依《禮記・王制》所載可歸納為六禮、七教、八政。「六禮」指冠、昏、喪、祭、鄉、相見；「七教」指父子、兄弟、夫婦、君臣、長幼、朋友、賓客；「八政」指飲食、衣服、事為、異別、度、量、數、制。六禮為社會典儀，七教為人倫關係，八政為生活制式。因此「禮」主要用於等級劃分，並將行為規範和權責建立在不同的等級之上，讓一切秩序化，而

[20] 江本勝（2001）。《水からの伝言Vol.2》（《水的信息》），頁119。東京：波動教育社。

「樂」主要用於調和內在情感，協調人際關係讓不同等級的人能互相尊重，相親相愛。所以禮樂的目的其實是在於治人，也可以說是以治國為本。孔子不能容忍季孫氏舞八佾其目的是在維護禮制，也可以說是以禮為本，但深入探討禮樂在形式以外之思想內核時可以發現，所有一切其實是以心為本，是心與物之間的交互作用，相互影響，產生「人天相應」與「天人合一」的哲學內涵。

　　陳國鎮教授認為人的生命可以「物質」、「能量」、「信息」、「心靈」等四重結構來表示；「物質」是指由分子─細胞─組織─器官所組成之人體；「能量」是指人體運動對他物所產生之位移或外在形態改變之力量；「信息」是指由身體各種感覺器官，包括眼、耳、鼻、舌、身、意等，對於外物所發出包含色、聲、香、味、觸、法等表現，所感知到的資訊與情報，這些都可以稱之為信息；「心靈」是指形而上，以身體作為感覺器官，接受外物所發出之信息，作出解讀與判斷，並作出心理或生理反應的身體指揮官，也就是說掌控一切認知與反應的就是心靈，這和禮樂本於心之原理其實是相通的。

　　「人天相應」的思想，歷經春秋、戰國時期的演變，直到秦統六國前，由丞相呂不韋集諸子百家所著作完成的《呂氏春秋》總結其大成，全書分十二紀、八覽、六論，計二十六卷一百六十篇。其中《十二紀》是以十二月為十二篇，每紀之首篇依據五行之屬性，將五音十二律與五時十二月、五方、五色、五味等，及其相應之自然變化和農業生產及人事活動聯繫起來，提供了一個時空統一、包羅萬象的宇宙系統圖式[21]如**表一**，這一圖式認為人與自然事物之間，均來自於一個共同的本源，是以陰陽、五行為基礎所演變轉化

而成，所以自然及社會一切現象和宇宙間之運動變化，都是五行相生、相勝、循環演變的結果，因此存在著異質同構之關係與共同的規律，這些規律與同構關係，將人與自然結合成一個統一之整體。於是天人合一的哲學思想至此成形，直至後來西漢的董仲舒為利君權統治，基於政治上的考量，獨尊儒家罷絀百家，把天人合一思想作諸多不合理的比附（如人副天數，把人體構造比附天時等），也是從《呂氏春秋》的天人合一宇宙觀出發去作擴張。

---

❷¹ 蔡仲德（1993）。《中國音樂美學史》，頁226-228。台北：藍燈出版社。

風水感應的秘密

表一　天人合一的宇宙觀

五行	木			火		
五時	春			夏		
十二月	孟春 (正月)	仲春 (二月)	季春 (三月)	孟夏 (四月)	仲夏 (五月)	季夏 (六月)
五音	角			徵		
十二律	太簇	夾鐘	姑洗	仲洗	蕤賓	林鐘
五方	東			南		
五色	青			赤		
五味	酸			苦		
五臭	膻			焦		
五臟	肝			心		
五蟲	鱗			羽		
自然	陽氣,始生,東風解凍,蟄始振,草木繁動	雷乃發,始電,始雨水	生氣方盛,陽氣發泄,生者舉出,萌者盡達,不可以內,甘雨至	物類繼長增高	日長至,陰陽爭,生死分,蟬始鳴	涼風始至,蟋蟀居宇,樹木方盛,土潤溽暑,大雨時行,陰將始刑
人事	行藉田禮,修封彊,令農發土,無或失時。不可以稱兵	同度量,鈞衡石,角斗桶,正權概。無以大事以妨農功。寬裕和平,去德去刑	修利堤防,導達溝瀆,勸蠶既畢	勞農勸民、無或失時。農乃升麥,蠶事既畢	農乃登黍。身欲靜無躁,止聲色,薄滋味,退嗜欲	無舉大事以搖蕩於氣,無發令而干時以妨神農之事。燒薙行水,利以殺草,如以熱湯,可以糞田疇、可以美土彊
樂事	命樂正人學習舞	上丁,命樂正人舞舍采,天子率三公九卿諸侯往視之。中丁,又命樂正入學習樂	是月之末,擇吉日,大合樂,天子率三公九卿諸侯大夫親往視之	乃命樂師習合禮樂。天子飲,用禮樂	命樂師修鞀鞞鼓,均琴瑟管簫,執干戚戈羽,調竽笙篪簧,飭鐘鼓柷敔。命有司為民祈祀山川百原,大雩帝,用盛事	

資料來源：蔡仲德（1993）。《中國音樂美學史》，頁226-228。台北：藍燈出
　　　　　版社。

土	金			水		
長夏	秋			冬		
中央	孟秋 （七月）	仲秋 （八月）	季秋 （九月）	孟冬 （十月）	仲冬 （十一月）	季冬 （十二月）
宮	商			羽		
黃鐘之宮	夷則	南呂	無射	應鐘	黃鐘	大呂
中	西			北		
黃	白			黑		
甘	辛			咸		
香	腥			朽		
脾	肺			腎		
倮	毛			介		
	涼風至，白露降，寒蟬鳴	涼風生，候鳥來，玄鳥歸。雷乃始收聲，蟄蟲俯戶。殺氣浸盛。陽氣日衰。水始涸	候雁來，菊有黃華。霜始降，草木黃落	水始冰，地始凍，虹藏不見，陰陽不通，閉而為冬	冰益壯，地始坼，日短至，陰陽爭，諸生蕩，陽氣且泄	雁北鄉，鵲始巢。冰方盛。日窮於次，月窮於紀，星迴於天，數將幾終，歲將更始
	始用刑戮。農乃升穀。始收斂	申嚴百刑，斬殺必當。天子乃儺，御佐疾，以通秋氣。趣民收斂，勸種麥。易關市，來商旅，入貨賄。凡舉大事無逆天時，必順其時，乃因其類	百官貴賤無不務入，農事備收。百工休。合諸侯，制百縣。天子教於田獵，以習五戎。乃趣獄刑，無留有罪	勞農夫以休息之。會百官謹蓋藏。天子乃命將率講武，肄射御、角力	命有司土事無作，無發蓋藏，無起大眾，以固而閉。君子齋戒，處必弇，身必寧，去聲色，禁嗜欲，安其性，事欲靜，以待陰之所定	命有司儺勞碌，出土牛，以送寒氣。計耦耕事，修耒耜，具田器。專於農民，無有所使。天子乃與卿大夫飭國典，論時令，以待來歲之宜
			上丁，入學習吹			命樂事大合吹而罷

第五章　聲、氣感應論

「堪輿」又稱「風水」，在現代這兩個名詞已經混合使用，其實這兩個名詞在理論上是有所區別的，二者之間存在著同源分脈而後又合流的先後秩序關係。根據記載，和堪輿有關的文獻最早出現在西漢劉安的《淮南子‧天文訓》：「堪輿徐行，雄以音知雌」，和東漢班固的《漢書‧藝文志》：

> 形法者，大舉九州之勢以立城郭室舍，形人及六畜骨法之
> 度數，器物之形容，以求其聲氣貴賤吉凶。猶律有長短，
> 而各徵其聲，非有鬼神，數之自然也。

從這兩個文獻的記載當中不難發現諸多難解的謎團；如堪輿是什麼？為何聲音有貴賤吉凶之分別？最重要的是古人如何把聲音和堪輿連結在一起？本章就這些問題從文獻當中，在天人相應的基礎上展開一系列的探討。

第一節 堪輿與人天相應的關係

堪輿一詞最早出現於西漢淮南王劉安（西元前180～前123年）的《淮南子‧天文訓》：

> 北斗之神有雌雄，十一月始建於子，月從一辰，雄左行，
> 雌右行，五月合午，謀刑；十一月合子，謀德。太陰所居
> 辰為厭日，厭日不可以舉百事，堪輿徐行，雄以音知雌，

故為奇辰**❶**。

　　原文的大意是說北斗神分為雌神和雄神，雄北斗是指可以看得見的，雌北斗是對應於雄北斗所賦予之神名，實際上看不見，二神都是在一年的十一月（即子月）開始分向左右旋轉運行，每月一個宮位，雄神從左邊順時針方向旋轉，雌神從右邊逆時針方向旋轉，二神五月會合在午，陽極陰生，為陰之始（即謀刑），十一月回到子宮陰極陽生，為陽之始（即謀德），因為雌北斗總是緊緊跟在雄北斗的後面顯得很討厭，所以就把雌神所在宮位稱為「厭日」，「厭日」解讀為不宜從事任何活動，於是雌雄二神在天地緩緩運行，雄神憑藉聲音即能知雌神的行蹤，所以稱雄神為奇星。二者關係可以如**表二**表示。

表二　音律與雌雄二神的運行關係對照表

月	十一	十二	一	二	三	四	五	六	七	八	九	十	備註
音律	黃鐘	大呂	太簇	夾鐘	姑洗	仲呂	蕤賓	林鐘	夷則	南呂	無射	應鐘	和《呂氏春秋》所載相同
雄神	子	丑	寅	卯	辰	巳	午	未	申	酉	戌	亥	
雌神	子	亥	戌	酉	申	未	午	巳	辰	卯	寅	丑	
太陽	丑	子	亥	戌	酉	申	未	午	巳	辰	卯	寅	

資料來源：作者自製。

　　依據漢許慎對「堪輿」的注解是：「堪，天道也；輿，地道也」，也可以說是天地運行之規則。《淮南子》認為有聲之樂出於

❶　許焦一譯注（2000）。劉安（西漢），《淮南子》，頁212。台北：台灣古籍出版有限公司。

無聲之道，所以在〈主術訓〉篇中談到：「樂生於音，音生於律，律生於風，此聲之宗也」，這是源自虢文公「省風作樂」思想，認為音樂來自自然之概念，以及《呂氏春秋‧古樂》：「唯天之合，正風乃行其音若熙熙、淒淒、鏘鏘，帝顓頊好其音，乃令飛龍作樂效八風之音」的思想延伸。在《淮南子‧天文訓》中又提到：「律曆之數，天地之道也」，認為天地之道，屬於無聲之道，以陰陽來說總是屬於陰的、隱晦不明的一面，而律曆之數就好像是陽的一面正好可以彰顯陰的另外一面，所以就把五音配五行、四時、八方；十二律配十二月。如《淮南子‧天文訓》：

> 音自倍而為日，律自倍而為辰，故日十而辰十二，
> ……一律而生五音，十二律而為六十音，因而六之，
> 六六三十六，故三百六十音以當一歲之日。

這是以五音、六律配十日、十二辰，和以音律之數當一歲之日所作「音與曆」的比附，這些理論大體上是《呂氏春秋》天人合一思想概念的發揮（詳**表二**）。雌與雄，猶如善與惡、剛與柔，是陰陽相反相成，此在彼存之概念延伸，從顯明的一面，反應隱晦一面的存在，在這裡雌與雄以聲音為媒介互相聯繫，這是屬於客體外物間的同類相應關係，其哲學理念出自萬物皆來自於氣之同一本源，由陰陽五行氣化所生，因此萬物皆含有共同的金、木、水、火、土元素，依含量之多寡，而有不同的屬性與構造，以及運動時所發出之聲音，據《左傳‧昭公二十五年》記載鄭國子大叔曾引子產之言，其中涉及音樂及「六氣」、「五行」之關係：

則天之明，因地之性，生其六氣，用其五行，氣為五味，
發為五色，章為五聲。淫則昏亂，民失其性。

子產認為五味、五色、五聲均來自天之「六氣」，地之「五
行」，所以應效法天地之性，和諧適度而不過分，過分即「淫」，
會令人神魂顛倒，失其本性，釀成災禍。

相同理念的發揮；據《左傳‧昭公元年》記載，晉平公病，求
醫於秦，秦景公使醫和前往，談到生病之原理時說到：

天有六氣，降生五味，發為五色，徵為五聲，淫生六疾。
六氣曰陰、陽、風、雨、晦、明也。分為四時，序為五
節，過則為菑。

「醫和」與「子產」一樣認為宇宙萬物皆來於「六氣」、「五
行」，且須與「四時」、「五節」為度，失時、失節便生災患或疾
病。

這裡的哲學理念說明了音樂和自然萬物及社會人事的同構關
係，以及最早的天人合一思想。《淮南子‧天文訓》中的「律歷之
數，天地之道也」，主要在說明音律以數為基礎，也就是指三分損
益，隔八相生之理論，而這些理論基礎來自於「天道」，而天道的
內涵就是氣與陰陽之轉化，故音樂可以與「氣」相通，這是省風作
樂，風與氣的關係，故也可以與「天」相通，當然更可以與人相
通。這裡的天是指產生人與萬物，也產生音樂的天地、自然、宇
宙，其基本內涵是物質性的客觀存在，「人」指既能「省風作樂」
又能以樂「省風」、「宣氣」作樂、聽樂的個體或群體，而樂之所

能作為人天之間溝通之橋梁，就是在於人、天、樂均來自於相同的本源「氣」，所以《淮南子》認為雄北斗和雌北斗能夠以音相通，也是基於二者同為天所生之客觀外物，為「氣」之本源所生之理念，因為雄北斗和雌北斗均為「天」所生之客觀外物，和人、天、樂均有同構關係，因此當「人」把十二律比附在雌雄二斗所運行的軌跡所代表的十二月份當中，它具有下列兩項意義：

1.人可以憑音律知「天道」之運行規則及其所代表之四時、十二月，這是主體「人」與客體「天」之感應關係。
2.雄北斗可以依所處的位置，以音律為媒介，知道雌北斗所處位置，代表的是客體與客體之間也有相應的關係。

總結這些相應關係，可以發現其原理在於「人」與天地萬物均來自相同的本源，那就是「氣」，因為氣的作用所以才會有這些感應的關係。

第二節　圖宅術與形象占之聲氣原理

把聲音的理論應用在堪輿的操作方法上，相關文獻似乎均已散佚，唯一可尋的線索就是三國孟康注解《漢書・楊雄傳》說：「堪輿，神名，造圖宅書者」中的《圖宅書》，但該書在漢以後已不可考，在《二十四史》中也沒有以圖宅為名的術書，南宋晁公武《讀書後志》說：「以人姓五音，驗八山三十八將吉凶之方，其學今世不行。」因此一般相信東漢王充所著《論衡・詰術》中所批判的圖

宅術就是指《圖宅書》中所記載之陽宅五音占術法[2]：

> 宅有八術，以六甲[3]之名數而第之，第定名立，宮商殊
> 別，宅有五音，姓有五聲，宅不宜其姓，姓與宅相賊，則
> 疾病死亡，犯罪遇禍。五音之家，用口調姓名及字，用姓
> 定其名，用名正其字，口有張歙[4]，聲有內外，以定五音
> 宮商之實。
>
> 商家門不宜南向，徵家門不宜北向，則商金，南方火也；
> 徵火，北方水也。水勝火，火賊金，五行之氣不相得，故
> 五姓之宅門有宜向。向得其宜，富貴吉昌；向失其宜，貧
> 賤衰耗。

從上文可以看出王充所批判之圖宅術其占斷方式是以人的姓氏
透過宮、商、角、徵、羽五音，轉化為金、木、水、火、土五行，
去和房屋或門之方位所屬之五行作生剋吉凶之論斷，其中的「八
術」可能是指房屋和大門依八卦方位坐向之不同來論斷吉凶之八種
方法，其方位和五行之關係，可以**圖四**、**表三**表示。

圖宅術的占斷方法可以分從房屋的坐向以及大門之座向兩方面
來探討；如陳姓人，五音屬商，五行屬金，故依「宅有五音，姓有
五聲，宅不宜其姓，姓與宅相賊，則疾病死亡，犯罪遇禍」之占斷

---

❷ 蔡達峰（1995）。《歷史上的風水術》，頁57。上海：上海科技教育出
　版社。

❸ 六甲：本為甲子、甲寅、甲辰、甲午、甲戌此處可能是指六十甲子納
　音，如甲子（金）、乙丑（金）、丙寅（火）等。

❹ 歙：合也。

風水感應的秘密

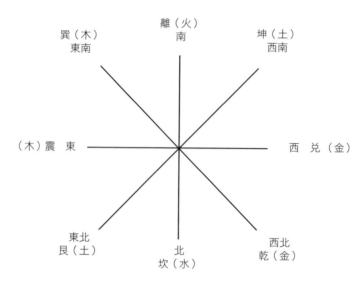

圖四　八卦五行和方位之關係示意圖

資料來源：作者自製。

表三　五音、五姓、五行和八方之關係對照表

	角	徵	宮	商	羽
五音	ㄍㄎㄏ	ㄗㄘㄙㄉㄊㄋㄌㄐㄑ	ㄚㄛㄜㄞㄟㄠㄡㄢㄣㄤㄥㄦ	ㄒㄓㄔㄕㄖㄧ	ㄅㄆㄇㄈㄨㄩ
五姓	柯	宋	歐	陳	翁
五行	木	火	土	金	水
八方	東（震）東南（巽）	南（離）	中西南（坤）東北（艮）	西（兌）西北（乾）	北（坎）

資料來源：作者自製。

方式，其宅向應以座東北向西南（土金相生），座西北向東南（金與金相比和）為大吉。至於開門之方向依「商家門不宜南向」之占斷方式，其大門不宜開在南方，因火尅金不吉之故也。其餘各姓氏與宅、門之方向配合吉凶之論斷方式，可依此原則類推。

　　班固《漢書·藝文志》提到另一種占宅舍之形象占法，並把它歸類在形法類，以《宮宅地形》二十卷為代表。清代紀昀在《四庫全書·提要》中說：「案《漢誌》形法家有《宮宅地形》二十卷，則相宅之書較相墓為古」，這說明形法用於陽宅（住宅）較早，陰宅（墳墓）相法出現較晚，從《王充·詰術》的內容來看，圖宅術使用的對象也是陽宅，因此紀昀的推測應該是正確的。

　　《漢書·藝文志》記載：

> 形法者，大舉九州之勢以立城郭室舍，形人及六畜骨法之
> 度數，器物之形容，以求其聲氣貴賤吉凶，猶律有長短，
> 而各徵其聲，非有鬼神，數自然也。

　　所謂「形法」，就是以建物的外觀或地形之高低起伏作為占斷吉凶之術法，九州之勢即國土的山川形勢，夏王朝建立後，曾把天下劃分為「九州」進行統治，據《尚書·禹貢》記載這九州分別為冀州、兗州、青州、徐州、揚州、荊州、梁州、雍州和豫州。此處泛地理形貌而言，「形人及六畜骨法之度數」中的「形」字是「形象類比」的意思，「六畜」是馬、牛、羊、豬、雞、犬，但在此泛指動物，「度數」一詞按《樂記·樂言》篇：

> 先王本之情性，稽之度數，制之禮義，合生氣之和，道五

常之行，使之陽而不散，陰而不密，剛氣不怒，柔氣不攝，四暢交於中而發作於外，皆安其位而不相奪也，然後立之學等，廣其節奏，省其文采，以繩德厚，律小大之稱，比終始之序，以象事行，使親疏貴賤長幼男女之理，皆形見於樂。

原文所稱之「度數」，依下文所言及之「廣其節奏」、「省其文采」、「律小大之稱」、「比終始之序」，可以知道是包括音樂的節奏、音律、旋律等諸要求，因此也可以用音樂之「結構」作為統稱。《樂記》認為制作音樂最重要的就是「稽之度數」，建立起天、人、樂的同構關係，因為樂音的運動就是一種氣的運動，如果「度數」得當，即能調和陰陽剛柔之氣，體現樂與天地自然和諧之美，這也就是「合生氣之和，道五常之行，……四暢交於中而發作於外，皆安其位而不相奪也」之意義。在與社會人事相通，體現人際關係的和諧上，就是指「以象事行，使親疏貴賤長幼男女之理，皆形見於樂」，文中所謂的「理」就是指「天理」，即平和和諧之天理，以音樂來顯現。

從「度數」即「結構」之意義來檢視「形人及六畜骨法之度數，器物之形容」這句話，可以詮釋為人和動物之形體結構與器具及物體之形態、容貌。至於如何以聲氣來求其貴賤吉凶？按前已述及樂音之運動為氣之運動，氣以平順，樂以和諧，為貴、為吉，逆氣失時失節，表現為淫樂，為賤，為凶，因此把這層意義類比到人與物之形體結構、形態容貌，可以說明；結構完整，外型條暢中和者，為貴為吉，結構鬆散，沒有秩序，外形醜陋者，為賤為凶，

因為萬物有形必有聲[5]，形體粗陋，或有殘缺者，其聲必無法致中和，至於律有長短，各徵其聲，這是指三分損益，隔八相生的十二律原理，班固認為這是自然之數理關係，和鬼神無關。

　　從以上的論述可以發現無論是《圖宅術》中的五音占宅法或《宮宅地形》中的形象占，其占斷方式都是透過音律和五行生剋作為占斷基準，而探討其理論源頭時，卻可以發現二者同出於「天人合一」的基礎理念，因為音律和萬物相同，皆本源於氣，而五音六律又是以數為基礎，以天為據所創造出來，故音律可與「氣」相通，音樂之律動即氣之運動，而人亦本於六氣，也是稟陰陽之氣而生，故音樂亦可與人相通，所以人與自然、音樂統一於「氣」，在同態同構的作用下使宇宙成為一個和諧的整體，在這個架構之下，人與自然萬物結合成為一體。

　　所謂同構意指在天人合一的框架之下，人與天與萬物均為同一架構之下的不同體系，在型態上雖因陰陽五行含量元素之多寡而有型態構造之分殊，但仍屬於同一個整體，所以人與天，或人與物，或物與物之間，在這個整體架構上均可透過氣的作用來傳遞彼此間的信息。按照《樂記》的說法，「氣」有順逆之分別；和順，平和，「安其份而不相奪者」為順氣，為能與自然和同，帶來生機。其為乖逆，違時，背節者，稱為「逆氣」，能使萬物不生，帶來災害、疾病。這是從《樂言》「人有血氣心知之性」的觀念所導引出來，也就是說人除了稟陰陽之氣而生之外，並具感情與心智能力，

---

[5] 《呂氏春秋·大樂》：「形體有處，莫不有聲。」，引自蔡仲德《中國音樂美學》，頁233。

能感於物而動，也能因物而生好惡之心❻。

　　所以人的感情雖無固定的常態，但接觸外物後即能「感於物」，將心裡原有的喜怒哀樂顯現出來，這是人心在外物的顯現作用下的結果。所以當以人作為「主體」進行音樂創作或欣賞音樂時，當表現為「順氣」時即為和諧平順，與天地同態同構關係的「和樂」；反之為逆氣表現時，就是乖逆不和的「淫樂」，與天道相背離。所以說音樂能感通天地，贊天地之化育，就是因為音樂為氣之動，能「省風」、「宣氣」、「行風」使天人互相感應，進而改變自然萬物與社會政治的「天人合一」思想，其思想之基礎就是《樂象》所說的「萬物之理各以類相動」，也就是由生理上同感物理的共鳴現象，掌握了「類固相召，氣同則合，聲比則應」的自然規律，和心物合一的同態共振與感應關係。即物與物之間可以「氣」作為語言表達其存在之狀態，人與物之間更可以「氣」作為媒介了解外物存在之狀態與價值。

　　《圖宅術》中的五音占法就是利用「氣」的作用，把五音轉化為五行，去和「天」之八風所代表之五行相比較是否能相應和。而相應之原理在於「和」與「同」，「同」是同類相疊加，具有加強作用（如金和金之加強），「和」是異類相雜的相生之和，在音律而言，就是三分損益，隔八相生之原理（如宮（土）生商（金）之和）。《宮宅地形》中的形象占，則是以視覺對物體之形象結構，和外表型態的認知，轉化為聽覺上的音聲，以有形必有聲之原理，說明形象之貴賤吉凶，即結構完整無殘缺者，為有序，形態優

---

❻ 《樂本》：「感於物而動，性之欲也；物至知知，然後好惡形焉。」

美者，為和諧，因此有序與和諧在聲音所代表的意義就是貴，反之結構鬆散，殘缺醜陋者，為賤即為凶。這是以聲音為基礎在心中所建構的美與惡的「形象概念」，所以外物與心的作用就是依據這個「形象概念」作比較和判斷。

西方格式塔心理學派（Gestalt Psychology）從生理學、物理學的角度探討人之所以會對符合比例、均衡、韻律、秩序、和諧之事物產生美感，認為是因為外物與心理之間的作用力，在形式結構上有「同形同構」或者說是「異質同構」的存在關係，所以心與物可以在結構上產生對應，也就是說外物的形式結構，可以經由身體知覺的脈衝反應，引起相同的心理反應。所以外在對象可以和內在情感產生共振，主客協調，物我合一，產生相互應對的知覺感受。大陸學者李澤厚先生認為：這種生物性的同構反應，乃是人類生產勞動和其他生活實踐的歷史成果[7]。也就是說先民在勞動生產的過程中，對各種自然秩序和形式規律，逐漸熟悉、運用和產生應和所以才會對自然事物的性能（生長、運動、發展）和形式（對稱和諧秩序）產生同構同形的心理反應。這是從人類學和天人合一的理論所作出來的探討。而這種存在於大自然的一般規律或現象中如對稱、均衡、比例、和諧、節奏、韻律等，實際上是人類透過生產及生活實踐過程中，自大自然中所抽離出來的美感。

格式塔心理學家魯道夫・安海姆（Rudolf Arnheim）在《藝術與視知覺》一書中指出，微風中的柳樹之所以讓人產生悲哀的感覺，是因為它搖擺不定的本身，傳達了一種在結構上與人的悲哀

---

[7] 李澤厚（2001）。《美學四講》，頁45-46。台北：三民書局。

情感相似的表現，所以外物的形體結構上和運動狀態在心與力的作用下自然會反應出某種心理表現[8]，這種理論和《樂記》所說的「感於物而後動」和喜怒哀樂本於人心之理論其實是相通的。但是《樂記》的理論是以「天人合一」的思想為基礎，並以之為前提所發展出來的理論體系，而格式塔心理學派的研究方式卻是把心與物從大自然中切割出來，僅在心與物之間研究其對應關係，所以它只能說明二者之間現象本身的同構關係，但對於現象的來源，格式塔學派無法提出一套思想體系來說明其同構相應的原理。所以在整個思想源流的體系上，從春秋時期虢文公、醫和等認為萬物源自「六氣」、「五行」，人既可「省風作樂」又可以音樂「省風」、「宣氣」，到《呂氏春秋》提出宇宙時空的統一圖式，將陰陽五行思想，融合為一，以五音配五時、五行，十二律配十二月，音樂本於太一和《樂記》將心與物與氣的關係，說明認為「感於物而後動」與《淮南子》「律曆之數，天地之道也」等系列的智慧結晶，體現了「天」、「人」、「樂」自然與社會統一於「氣」的哲學理念，這些思想體系遂成為堪輿的內涵與理論基礎。

[8] 李澤厚（2001）。《美學四講》，頁82。台北：三民書局。

第六章　形、氣感應論

　　風水一詞語出《葬經》：「氣乘風則散，界水則止，古人聚
之使不散，行之使有止，故謂之風水。」經查考《葬經》一書已收
錄在《四庫全書》當中，但歷代以來對於《葬經》之作者是否為東
晉之郭璞以及風水之說是否靈驗均有所質疑，所以本章首先從相關
文獻當中探討郭璞其人及其相關著作，然後再從風水之定義，以及
《葬經》之內容，說明符合風水定義之地形景觀與思想內涵。從風
水之地理模式與思想內涵之探討當中，可以發現其中隱含著天人合
一思想之要件，即秩序與和諧之特性，從而了解天、地、人在形體
感應之思想，係源歸於「心」之本體。

第一節　《葬經》源流考證

　　《葬經》是爭議性相當大的一部風水典籍，有謂作者並非東晉
郭璞所著，而係宋人偽託之作，也有批評《葬經》為謬妄無稽之論
者，如明朝宰相張居正於〈葬地論〉中言：

　　且青鳥之書，始於郭璞，彼固精於其術者，葬其親也，宜
　　得吉壤善地，而身為王敦所殺，後裔無聞。……若謂：
　　「風藏氣聚，則體魂安妥，或閱❶千百年而不化；不則❷
　　有風吹倒轉，蟲蟻嚙食之變，使死者體魂不安，禍及子
　　孫。」此大惑也。夫人死，枯木朽株耳。雖不化奚益？戰

---

❶ 閱：經歷也。

❷ 不則：否則也。

死之人，脂膏草野，肉飽烏鳶。而其子孫，亦有富貴顯赫者，安在其能貽子孫之禍乎？且體魄無知，亦無安與不安也。

上文中，張居正批評風水若有靈驗為何郭璞會被王敦所殺，且其子孫均未顯達，反為沒沒無聞之輩，再從葬術上言，人死猶如枯木，即便葬得藏風聚氣處來保存屍骨，又有何意義，再說作戰死亡之人，曝屍荒野，他們的子孫也是有顯達的人才，哪來禍延子孫或屍骨不安之謬論。

張居正的批判是站在物質的角度，從可見的現實面駁斥不可見的精神感應層次，不過，無論當初批評的存在背景為何，《葬經》這本書仍被後世研習風水理論者，譽為經典之作，且以《葬經》尊稱表示推崇之意❸。清代地理名師葉九升注解《葬經》時感嘆道：「地理之道，被郭氏數語道盡。」又云：「地理之道，備盡乘生氣之道也，能知乘生氣，則地理之能事畢矣。至哉！乘生氣三字括盡地理之全神，非郭氏孰能言之？」

不論《葬經》褒貶如何，從研究經典之角度而言，一本學術著作，能流傳千年而不墜且為後世所推崇者，必有其價值存在，故本章將以《葬經》為藍本，作為形、氣感應之研究對象。

《葬經》的版本很多，《地理大全》、《津逮秘書》、《學津討原》均有收錄❹，本章所採用的是清朝《四庫全書》所收錄之版

---

❸ 《四庫全書總目提要》：《宋志》本名《葬書》，後來術家尊其說者，改名《葬經》。

❹ 趙建雄、王玉德（2003）。《風水術注評》，頁73。台北：雲龍出版社。

本，按《四庫全書總目提要》簡述其背景云：

> 臣等謹案：《葬書》一卷，舊本題東晉郭璞撰。璞撰有
> 《爾雅注》已著錄。葬地之說，莫知其所自來。《周官
> ・冢人》墓大夫之職皆稱以族葬，是三代以上葬不擇地
> 之明證。《漢書・藝文志》形法家始以宮宅地形與相人相
> 物之書並列，則其術自漢始萌，然尚未專言葬法也。《後
> 漢書・袁安傳》載安父沒，訪求葬地，道逢三書生，指一
> 處，當世為上公，安從之，故累世貴盛，是其術盛傳於東
> 漢以後。其特以是擅名者，則璞為最著。考璞本傳，載璞
> 從河東郭公受《青囊中書》九卷，遂洞天文、五行、卜筮
> 之術。璞門人趙載嘗竊《青囊書》，為火所焚，不言其嘗
> 著《葬書》。《唐志》有《葬書地脈經》一卷、《葬書五
> 陰》一卷，又不言為璞所作。惟《宋志》載有璞《葬書》
> 一卷，是其書自宋始出。其後方技之家，競相粉飾，遂有
> 二十篇之多。蔡元定病其蕪雜，為刪去十二篇，存其八
> 篇。吳澄又病蔡氏未盡蘊奧，擇至純者為內篇，精麤純駁
> 相半者為外篇，麤駁當去而姑存者為雜篇，新喻劉則章親
> 受之吳氏，為之注釋。今此本所分內篇、外篇、雜篇，蓋
> 猶吳氏之舊本。至注之出於劉氏與否，則不考矣。《宋
> 志》本名《葬書》，後來術家尊其說者改名《葬經》。毛
> 晉汲古閣刻本亦從其訛，殊為失考。今仍題名，以從其朔
> 考。乾隆四十六年十月恭校上，總纂官臣紀昀，臣陸錫
> 熊、臣孫士毅、總校官臣陸費墀。

　　總結《四庫全書總目提要》之內容大致可歸納如下：

一、擇葬地約始於漢朝，但當時還沒有說到下葬的方法

　　但從袁安葬父之記載，有相墓術和葬先蔭後之觀念應始於東漢以後，所謂葬先蔭後就是選擇好的地點，埋葬祖先之遺骸可以庇蔭後代子孫之觀念。張榮明先生認為其樣式有三種[5]，第一種按《青烏先生葬經》說：「百年幻化，離形歸真，精神入門，骨骸反根，吉氣感應，鬼神及人。」

　　金丞相兀欽仄注釋說：「人死形脫離而化為土，真氣歸本，精神聚於墳墓中，受生氣蔭枯骨則吉，人祥之氣與穴相感應，積禎祥以及子孫也。」

　　大意是說人死後，精神不滅，仍聚於墳墓之中，受到地中生氣之滋潤，讓枯骨產生吉祥之氣，感應給子孫即能得到福蔭。

　　原文中「精神入門，骨骸反根」源自《列子・天瑞篇》：

> 精神者，天之分；骨骸者，地之分。屬天清而散，屬地濁而聚。精神離形，各歸其真，故謂之鬼。鬼，歸也。歸其真宅。黃帝曰：「精神入其門，骨骸反其根，我尚何存？」

　　本來列子從道家的立場說明人既死，精神和骨肉各自離散，返歸大自然，不復再有我之存在，但《青烏先生葬經》卻認為骨骸和地中吉氣作用後，可以感應神、鬼、人，讓子孫得到庇蔭。這是靈

---

[5] 張榮明（1993）。〈堪輿源流及其發展〉。引自顧頡、陳新，《堪輿集成》，頁21-22。重慶：重慶出版社。

魂不滅的概念，也是張榮明所說葬先蔭後的第一種模式。

第二種樣式按郭璞《葬經‧內篇》說：

葬者，乘生氣也。五氣行乎地中，發而生乎萬物。人受體於父母，本骸得氣，遺體受蔭。經曰：「氣感而應，鬼福及人。……蓋生者，氣之聚。凝結者，成骨，死而獨留。葬者反氣納骨，以蔭所生之法也。」

元代吳澄注釋說：

父母子孫，本同一氣，互相感召，如受鬼福，……以父母遺骸藏於融會之地，由是子孫之心寄託於此，因其心之所寄，遂能與之感通，以致福於將來也。……嗚呼！非葬骨也，乃葬人之心也；非山川之靈，亦人心自靈耳。

吳澄認為子孫之所以能得福蔭，是因為人心和山川之靈與祖先遺骸三者一氣相通，所以地中之吉氣，可以感應給在世之子孫，得到福祐，這是葬先蔭後的第二種樣式。

第三種樣式據《管氏地理指蒙‧擇術》引《青囊內傳》說：

葬埋得吉氣，亡魂負陽而升，而子孫逸樂富貴藩衍矣。葬埋得凶氣，亡魂抱陰而墮，而子孫貧賤，殺戮零替矣。❻

亦即吉地所生之氣為陽氣，亡魂可藉此陽氣升天，所以子孫因而富貴，若葬得凶地則所生之氣為陰氣，亡魂遇陰氣只能下墜，所

❻《古今圖書集成》，第659卷，頁58009。中國：巴蜀書社版。

以子孫因而貧賤。這是受到天堂與地獄之民俗觀念的影響，也是葬先蔭後的第三種樣式。

　　日本研究學者渡邊欣雄在《東方社會之風水思想》中，從文化人類學角度探討風水思想存在於東方社會的種種現象，並將之歸納為兩種世界觀[7]：

　　1.機械論式的世界觀（Freedman, 1966, 1979; Baker, 1979a, 1979b）

　　風水的作用力是超越道德的機械作用，和被埋葬者之「人格」無關，不管被埋葬者生前是聖人還是罪人，只要葬得好風水，後代子孫仍可因此而得到庇蔭，相反的，如果葬得壞風水或墳墓遭到破壞，子孫亦將蒙受災難。

　　2.人格論式的世界觀（李亦園，1978；Ahern, 1973）

　　埋葬在墳墓中的祖先住得是否愉快、滿足，決定後代子孫之禍福，據此而推論祖先若是住得不舒服表示葬得壞風水，亦即祖先的滿足感決定未來子孫的命運。所以子孫的命運若佳，即表示祖先住得愉快，風水好。若子孫的命運差，即反證祖先住得不愉快，風水不好。

　　顯然「機械論式的世界觀」就是指葬先蔭後的第一種樣式，純粹是骨骸和風水之關係，和死者或子孫在生之行為是否符合道德標準全無關係。

　　「人格論式的世界觀」可以類比葬先蔭後的第三種樣式，即祖

---

[7] 渡邊欣雄（1997）。《東方社會之風水思想》，頁56-65。台北：地景出版社。

先能上天堂就表示住得舒服、愉快，反之下地獄就表示受苦受難，這些現象都直接反應到後代子孫身上，成為禍福之依據。不過第三種樣式裡，決定祖先上天堂享樂或下地獄受苦，其決定之條件在於是否葬在吉地上，因此所謂葬得吉地應該是具兩種功能，即：可以讓祖先上天堂享樂的同時，子孫亦能得到庇蔭。

　　所以「機械論式的世界觀」其邏輯推論方式是：風水好壞決定祖先是否住得舒服，以及子孫能否得到庇蔭。而「人格論式的世界觀」中的推論方式卻是從子孫的命運來作反證，即風水的好壞及祖先是否住得舒服愉快，是從子孫在世的表現是否顯達來作判斷。二者推論的路徑正好相反。

　　檢視渡邊欣雄這兩種世界觀的論述可以發現這是引用西方自然科學的邏輯辨證理論，把生命物質化，並將生命成長的動態過程，簡化成一對一的直線對應關係來看待。其實這種論證方法是有待商榷的，若從生命多重結構來看，生命除了物質、能量以外，尚包括屬於上層結構的心靈與信息，前章已述及心靈本身就是一種生命功能群，它主司思慮、計算、推理、創造、發明等，只要生命存在一天，它就不斷地和外界交換信息，進而指揮屬於物質結構的身體作出各種動作與行為，因此心靈所收到或發送的信息可能是具有多維度和複合特性的信息波，所以生命本身經常有許多突發奇想，和意想不到的行為產生，而這種分岔性的思想和行為往往造成生命過程中巨大的轉變，是以生命本身可以說就是一個相當豐富的歷程，它的豐富度展現在生命當中所發生的每一件事情，可能是一因多果，也可能是一果多因所造成，而且它每天都在成長，每天都在改變，因此生命沒有辦法用一個定性的模式來作說明，更沒有辦法用一因

一果的對應關係來作量度，所以採用西方自然科學的「機械論」與「化約論」[8]來探討生命其實是不恰當的。

二、《葬經》應非郭璞所作，可能是出於唐宋間之偽託

郭璞（西元276～324年），字景純，河東聞喜（即今山西省）人。其生平按《太平廣記・卷十三》記載，他「周識博物，有出世之道，鑒天文地理，龜書龍圖，爻象讖緯，安墓卜宅，莫不窮微，善測人鬼之情況」。《晉書・卷七十二》記載郭璞本人為「好經術，博學有高才，而訥於言論。詞賦為中興之冠。好古文奇字，妙於陰陽算曆」。郭璞的術數學問來自於「有郭公者，客居河東，精於卜筮，璞從之受業。公以《青囊中書》九卷與之，由是遂洞五行、天文、卜筮之術，攘災轉福，通致無方。」注有《爾雅》、《三蒼》、《方言》、《山海經》、《楚辭》、《穆天子傳》及占卜書《洞林》[9]和音律書《圖樂雅》[10]。

從《晉書》之記載，郭璞並未有《葬經》之著作，再以郭璞精於卜筮之特長而《葬經》卻避而不談易理，所以《四庫全書總目提要》推論《葬經》並非郭璞所著應屬合理。

---

[8] 林德宏、朱相輪（1995）。《東方的智慧》，頁29-32。台北：理藝出版社。

[9] 王玉德（2003）。《風水術注評》，頁65-67。台北：雲龍出版社。

[10] 陸雲逵（1987）。《中國鐘磬律學》，頁930。台北：中國文化大學出版部。

三、《葬經》中蕪雜之文甚多，歷代刪修者有南宋之蔡元
　　定和元朝吳澄及吳澄學生劉則章

　　按蔡元定字季通為朱熹門下，所著相地書《發微論》亦收錄在
《四庫全書》內，其中〈感應篇〉云：

> 是故，求地者必以積德為本，若其德果厚，天必以吉地應
> 之，是所以福其子孫者心也，而地之吉亦將以符之也。其
> 惡果盈，天必以凶地應之，是所以禍其子孫者亦本於心，
> 而地之凶亦將以符之也。蓋心者氣之主，氣者德之符，天
> 未常有心於人，而人之一心一氣，感應自相符合耳。

　　這是善惡有報，奉勸世人應行善積德之論述，其原理就是「人
天相應」以人心感應天道之哲學思想。

　　元‧吳澄曾經著有《莊子南華真經點校》[11]，因此從《葬經》
中不難看出含有相當多成分的莊子思想。

四、儘管《葬經》非郭璞所作，但後來的術數家都認為它
　　是一本值得尊崇的文獻，因此以《葬經》稱之

　　《葬經》的版本很多，如前所述《地理大全》、《津逮秘
書》、《學津討原》等叢書均有收錄。《四庫全書》所收錄的版本
是劉江東家藏善本《葬書》[12]，本文亦以此版本為研究對象。並循
例以《葬經》稱之。

---

[11] 鄭世根（1993）。《莊子氣化論》，頁7。台北：學生書局。

[12] 趙建雄、王玉德（2003）。《風水術注評》，頁71。台北：雲龍出版社。

　　據《四庫全書總目提要》之說法，《四庫全書》所錄的《葬書》是經過元代吳澄刪編，並「擇至純者為內篇」，所以當初吳澄所校之文本是宋本或更早以前的版本，目前已無從查考，但從現存「內篇」有多處「經曰」之引文判斷應屬早期經典之原文或隋唐之遺文❸。有關「內篇」中的「經曰」文句茲引述如下：

1.經曰：氣感而應，鬼福及人，是以銅山西崩，靈鐘東應。
2.經曰：氣乘風則散，界水則止，古人聚之使不散，行之使有止。
3.經曰：外氣橫行，內氣止生。
4.經曰：淺深得乘，風水自成。
5.經曰：土形氣行，物因以生，地勢原脈，山勢原骨。
6.經曰：形止氣蓄，化生萬物。
7.經曰：地有吉氣，土隨而起。

　　從上面這幾段文字來看，「內篇」的占斷法則是屬於形法占之體系，也就是延續班固《漢書・藝文志》中所說：「形人及六畜骨法之度數，器物之形容，以求其聲氣貴賤吉凶。」從氣與形的關係中探討聲氣感應的原理。因此「內篇」中屬於「經曰」的文字基本上不涉及葬的內容，經曰以外的部分才有談及。故依此行文格式，顯示作者似乎是在引用某部形法之術書來說明葬術之原理。由此推溯吳澄所謂內篇之至純者，可能就是指形法之理論（蔡達峰，1995：95）。

---

❸ 蔡達峰（1995）。《歷史上的風水術》，頁93。上海：上海科技教育出版社。

「內篇」的下半部分述說各種不同地形之宜忌和占斷法則，屬於「經曰」的文句引述如下：

1.經曰：童斷石過，獨生新凶，而消己福。
2.經曰：不蓄之穴，腐骨之藏也。
3.經曰：騰漏之穴，敗槨之藏也。
4.經曰：外氣所以聚內氣，過水所以止來龍。
5.經曰：地有四勢，氣從八方。
6.經曰：山來水回，貴壽豐財。
7.經曰：穴有三吉，藏有六凶。
8.經曰：葬山之法，若乎谷中，言應速也。

從上段文字中可以發現，各種埋葬之宜忌，其實都是以氣和形來判斷。例如，斷山不可葬，是因為斷山氣不連貫的緣故。石山不可葬，是因氣隨土行，石山無氣，物無因以生之緣故。所以「內篇」的後半段，可以說是前半段原理之具體應用，整個「內篇」其實都是在講地理形勢與氣的關係和人的感應作用。

第二節　生氣釋義

《葬經》云：「葬者，乘生氣也。」又云：「夫陰陽之氣，噫而為風，升而為雲，降而為雨，行乎地中，而為生氣。」從句中可以知道所謂的「生氣」就是指陰陽二氣，經過沖和激盪後，所衍生的新生物質，這股在地中流動的新生物質就是老子在宇宙論中所說

的「道生一，一生二，二生三，三生萬物」[14]中的「三」，也是氣化論中所說的「至陰肅肅，至陽赫赫，肅肅出乎天，赫赫發乎地，二者交通成和而物生焉」[15]中的「和氣」，所不同者，莊子的「和氣」是存在於天地之間，而《葬經》所說的「生氣」是存在於大地之中，二者同為陰陽交媾所形成之物質，但因存在的場所不同，所以分別賦予不同名詞來定義，《葬經》云：「五氣行乎地中，發而生乎萬物。」句中所指的「五氣」就是指金、木、水、火、土五種不同屬性的氣，也是由陰陽二氣交和所衍生出來的新生物質，萬物皆稟此五氣而生，同時也因而具備五行之屬性，只是含量成分不同而已，所以人類可以和萬物溝通，也是基於這個道理。

　　莊子說：「天地與我並生，而萬物與我合一。」就是把整個自然界當成是一個由「氣」所構成的整體，所以萬物皆在氣中，而氣也存於萬物之中，在這個理論基礎上萬事萬物均以氣作為聯繫，沒有任何界限與阻隔，任何一個局部的微小變動，都會引起整個自然界的相關反應。

　　從以上的論述可以知道《葬經》的思想淵源乃是本於莊子的「通天下一氣」的元氣論與氣化論，因此吳澄在注解《葬經》中「葬者，乘生氣也」這句話時說：「生氣即一元運行之氣，在天則周流太虛，在地則發生萬物。天無此則氣無以資，地無此則形無以載。」上文中吳澄把「元氣」直接當成「生氣」是比較籠統的說法，因為散於空中之「和氣」與行乎地中之「五氣」雖均為「元

---

[14]《老子・四十二章》。

[15]《莊子・田子方》。

氣」所派生，但是以氣作為運動主體而言，「和氣」和「五氣」均是在氣化過程中所展現的不同面相。因此若從這些面相來作區別的話，它們所代表的意義仍是有所不同，所以《葬經》云：「葬者，乘生氣也，五氣行乎地中，發而生乎萬物」，句中以五氣說明生氣，即表示作者對「生氣」的認知畢竟和「元氣」是有所區分的。

第三節　風水釋義

風水一詞按《葬經》的定義是：「氣乘風則散，界水則止，古人聚之使不散，行之使有止，故謂之風水。」這段話前面兩句「氣乘風則散，界水則止」是在講生氣的特性，後面兩句「古人聚之使不散，行之使有止」是在講風水操作的方法。也就是說「風水」所代表的意義就是在找一個讓生氣可以「停止凝聚」的場所，因為生氣在地底下流動，既看不見，也摸不著，所以只能從地形環境的變化來作為判斷的依據，因此風水從定義上來說就是一種相地術，相地術可用於興建樓房宮殿（一般俗稱陽宅），亦可用於墳墓之選址（一般俗稱陰宅）。按宅經《四庫全書總目提要》的記載，相地術用於陽宅之興建早於陰宅。

從風水的定義中可以知道「風水」是否能夠成立，取決於兩個條件：其一就是「生氣可以停止」，其二就是「生氣可以凝聚」。生氣是否可以停止，從《葬經》「夫氣行乎地中，其行也因地之勢，其聚也，因勢之止」的解釋中，可以了解「生氣」的行進就好像水流一樣，是順應地勢從高處往低處流，所以當地勢平坦時生氣

即停止，而在此同時，生氣也可以凝聚。如果把這句話和《葬經》「界水則止」的特性加進來共同解釋的話，就是地勢平坦又逢江河湖澤為界時，即為生氣停止積聚的地方。所以《葬經》云：「形止氣蓄，化生萬物，為上地也。」就是在解釋當地形的變化由高低起伏轉變為地勢平坦，又逢川澤為界時就是一塊上的好的風水寶地。也就是說生氣的止聚其實是一體兩面的條件，只要氣止，自然能聚，但是這樣的解釋似乎很難滿足「氣乘風則散」這個特性，因為生氣既然是在地中行走，照理來講，應該不會被風吹散才對，顯然「聚之使不散」仍隱藏另一層深意在裡面。所以《葬經》云：「夫外氣所以聚內氣，過水所以止來龍。……外無以聚內，氣散於地中」這句話的意思是說生氣的止、聚，除了地勢平坦，並以水為界外，尚須加入一個條件即外氣也能聚集在一起來配合，這樣生氣才不會潰散於地中。為什麼外氣須聚集，內氣才不會散掉？而外氣又如何聚集？

按《葬經》：「外藏八風，內秘五行。天光下臨，地德上載。陰陽沖和，五土四備。」所作的說明中前面兩句講的是內外二氣的因果關係，「八風」是指四正四隅八個方向吹來的風，「五行」在這裡是指包含金、木、水、火、土五行氣之「生氣」。因此「外藏八風，內秘五行」就是說只要四周圍的風能夠被藏擋住，生氣就能夠保留，而保留的目的就是就讓天地陰陽二氣能夠激盪交流，所以「天光下臨，地德上載，陰陽沖和」就是在補敘說明「夫陰陽之氣，噫而為風，升而為雲，降而為雨」的陰陽氣化運動之過程。「五土四備」中的「五土」是指前後、左右、中央之山脈，也就是說中央是「生氣」所在的位置，「四備」是指四周包圍之山脈。這

種地形環境所產生的目的就是要讓天地二氣在交流時，不被風所吹散。所以《葬經》又云：「夫噫氣為能散生氣，龍虎所以衛區穴。疊疊中阜，左空右缺，前曠後折，生氣散於飄風。」「龍虎」是指左右兩側的山脈，「左空右缺，前曠後折，生氣散於飄風」是指四周所包圍的山脈若有所空缺時風就會由此空缺吹入，而生氣也就會被風所吹散。

　　綜上所述可以知道《葬經》所謂風水的定義就是指一個地勢平坦、以川澤為界，同時四周又為山脈所包圍的地形環境，而這種環境產生的目的就是創造一個能夠讓天地二氣交流不受外界影響的空間，如**圖五**所示。

圖五　理想風水景觀模型

資料來源：俞孔堅（1998）。《生物與文化基因上的圖式──風水與理想
　　　　　景觀的深層意義》，頁32。台北：田園城市。

第四節　形與氣

　　蔡元定在《發微論·微著篇》中，對形與氣的關係提出如下的論述：「微著者，言乎其氣脈也。夫氣無形者也，屬乎陽，脈有形者也，屬乎陰，陽清陰濁，故氣微而脈著，然氣不自成，必依脈而立，脈不自為，必因氣而成。」上文言「氣」（生氣）之特性為屬陽、清、無形，微而難察。「山脈」（形）特性為屬陰、濁、有形，顯而著。

　　從上面形與氣之特性，我們可以用八卦之陰陽來說明其中的道理，即「氣」具有清陽（—）而無形（--）之特性，故可以裝成少陰掛（⚎），「形」具有濁陰（--）而有形（—）之特性，可以裝成少陽掛（⚍），據《葬經》云：「形止氣蓄，化生萬物，為上地也」，句中「形止」為靜，取（--）為上爻，「氣蓄」即「氣止」亦為靜，取（--）為上爻，所以「形」可以裝成坎卦，「氣」可以裝成震卦，又因「氣在形內」，故取坎（形）為外卦，震（氣）為內卦。裝得水雷屯卦如**圖六**所示。

　　水雷屯卦按《序卦傳》云：「有天地，然後萬物生焉，盈天地之間者唯萬物，故受之以屯。屯者盈也，屯者物之始生也。」[16]屯卦按卦序是排在乾坤二卦之後，乾為天，坤為地。故乾坤交後生萬物。所以屯是取象樹木之幼芽衝破大地。象徵草木初生之艱難，但也象徵萬物生生不息之意。因此《葬經》云「形止氣蓄，化生萬物，為上地也」，就是在說明具備風水條件的地形環境存在著無窮

---

[16] 李易儒（2002）。《易經之道》，頁333、460。台北：藍燈出版社。

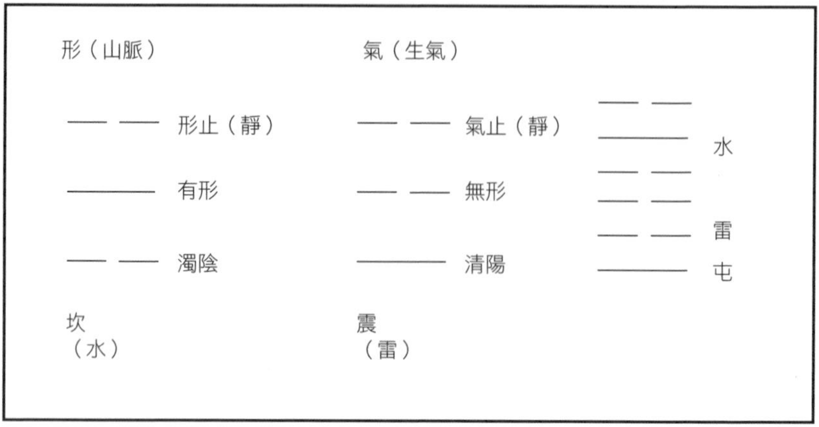

```
形（山脈）              氣（生氣）

——  ——  形止（靜）     ——  ——  氣止（靜）    ——  ——
                                              ——  ——  水
——  ——  有形          ——  ——  無形         ——  ——

——  ——  濁陰          ——  ——  清陽         ——  ——  雷
                                              ——     屯
坎                     震
（水）                 （雷）
```

圖六　形止氣蓄之卦象

資料來源：作者自製。

的能量，得以讓萬物生長。《葬經》云：「葬者，乘生氣也」，其目的就是要讓先人骨骸乘得這股生生不息的能量。

　　反過來說當形不止、氣不蓄，整個氣與脈呈現運動狀態時二者上爻同變為陽（——），取其為動象時可得風火家人卦如**圖七**所示。

　　按《彖傳》云：

　　　家人，女正位乎內，男正位乎外。男女正，天地之大義
　　　也。家人有嚴君焉，父母之謂也。父父子子、兄兄弟弟、
　　　夫夫婦婦，而家道正，正家而天下定矣。

　　家人卦，上卦巽代表伏入，順從，下卦離代表明麗，為內明外順，象徵一家大小，父慈子孝，兄友弟恭，夫唱婦隨，男外女內，各守本分，各正其志，人倫和睦之景象，這是以卦理說明氣脈

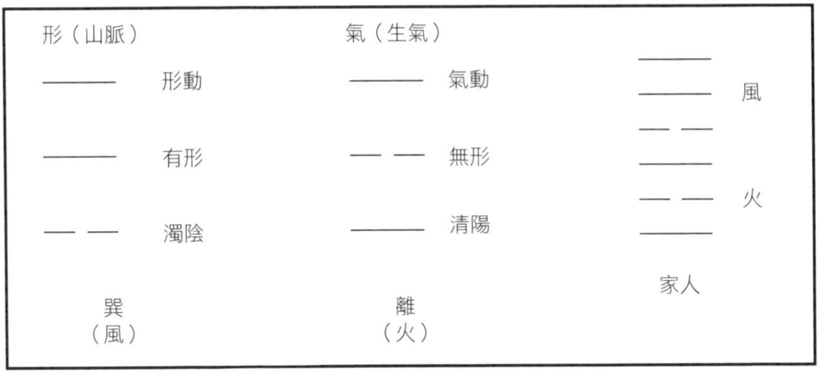

圖七　山水動態之卦象

資料來源：作者自製。

的運動狀態恰如人倫社會有其高低尊卑的秩序關係，所以古人就以太祖山、少祖山、父母山等來說明山嶺高低起伏和分枝劈脈的分布現象。例如《雪心賦》❶云：「迢迢山發跡，由祖宗而生子生孫，汩汩水長流，自本根而分支分派……祖宗聳拔者，子孫必貴，賓主趨迎者，情意相孚。」❶就是在指山水的運動具有「秩序」與「和諧」之特性。

　　關於山水的「和諧」狀態，蔡元定於《發微論・向背篇》中把山水之向背類比為人情之和諧：

---

❶　《雪心賦》為唐代道士卜應天之地學名著，因自許「心地雪亮，透澈地理」，故其著作乃名之曰《雪心賦》。

❶　《說文》：「孚，卵孚也。」《朱子語類》云：「存於中為孚，見於事為信」所以「孚」又引申為「信」，「情意相孚」即「情而有信」不背棄也。

向背者，言乎其情性也。……其向我者，必有周旋相與之意，其背我者，必有厭棄不顧之狀，……故觀地者必觀其情之向背。向者不難見，凡相對如君臣，相待如賓主，相親相愛如兄弟骨肉，此皆向之情也，背者亦不難見，凡相視如仇敵，相拋如路人，相忌如嫉冤逆寇，此皆背之情也。

從文中可以發現符合風水條件的地形環境除了地勢平坦，以川澤為界，同時四周又為山脈所包圍外，尚須再加入一個條件即四面圍合之山脈必須盈盈向我，對我有情，表達和諧相親、愛慕之意。

綜上所述可以知道符合風水定義之地形環境，具有「秩序」與「和諧」之特性，而這種特性，正具體而微的反應出天道的運行在大地上所展露的斧鑿痕跡，也是形而上的作用力，顯露在形而下的大地當中，充分顯現出「明與暗」、「顯露與隱藏」的陰陽對立與統一的哲學關係，所以許慎《說文》云：「堪，天道也；輿，地道也。」就是在說明天地之間「道與器」的作用關係，與「道／器」合一的天地共振感應原理。也就是在這個原理之作用下才會有如《國語‧周語上》所記載：「夫天地之氣，不失其序。若過其序，民亂之也。陽伏而不能出，陰迫而不能蒸，於是有地震。」之哲學思想，所以人處於天地之間，人倫社會的倫常關係，如君臣、父子、兄弟、夫婦，已建構成一個等級分明而又有秩序的框架，但是能否維持一個和諧的狀態，讓君臣有義，父慈子孝，兄友弟恭，夫婦相感，就要靠心性的修養。也就是說人是否能與天地合一達到同步共振的感應關係，端賴個人的品性是否合於德禮之標準，蔡元定

於《發微論》最後一篇的〈感應篇〉中說道：

> 是故求地者必以積德為本，若其德果厚，天必以吉地應
> 之，是所以福其子孫者心也，而地之吉亦將以符之也。其
> 惡果盈，天必以凶地應之，是所以禍其子孫者亦本於心，
> 而地之凶亦將以符之也。蓋心者氣之主，氣者德之符，天
> 未常有心於人，而人之一心一氣，感應自相符合耳。

　　蔡元定於文中勸世人先積福德以求吉地之說法，看似為禍福有
報之勸世警語，其實真正的含意卻是要人作好心性之修養，以德合
天，和天地之脈動產生同步感應作用，所以在這個原理之作用下，
即非方術者或地理名師，亦可因異質同構之感應原理，尋得符合風
水條件之地形環境作為葬親之吉穴。因此說到底，儘管郭璞、管輅
之流，以千百法門，教世人尋龍點穴之法，但是回歸到萬事萬物之
源頭時卻發現，所有的一切其實均在方寸之間，所謂「萬法唯心」
就是這個道理。

　　從第五章第二節的討論當中，我們知道班固《漢書‧藝文志》
記載：

> 形法者，大舉九州之勢以立城郭室舍，形人及六畜骨法之
> 度數，器物之形容，以求其聲氣貴賤吉凶，猶律有長短，
> 而各徵其聲，非有鬼神，數自然也。

　　文中記述了形法占之方法是以萬物有形必有聲之原理，把物
體之形象結構用聲音來表示其貴賤、吉凶，文中的「度數」代表音
樂之結構，也代表形體之結構，因為樂音的運動代表「氣」之運

動，所以按照《樂記》的說法氣有順逆之別；和順、平和「安其份而不相奪者」為順氣，為能與自然和同，帶來生機。其為乖逆、違時、背節者，稱為逆氣，能使萬物不生，帶來災害、疾病。這是從天人合一之觀點所作之論述，因為天有四時、五行、六氣、八風等氣化運動。而當這個氣化過程違反秩序與和諧之原則時就稱為「逆氣」，而這種「逆氣」就會影響人的情志，產生哀戚、悲怒、厭惡的情緒，反之當天行有常，萬物和同時，就稱為「順氣」，而這種「順氣」就會讓人產生安和喜樂之情緒。

「順氣」與「逆氣」不僅用於表示天道之運行，同時也用來表示人的情緒、思想和感情，因為按照《樂言》之說法：「民有血氣心知之性，而無哀樂喜怒之常，應感起物而動，然後心術形焉。」句中「血氣」是指內心的本性或感情，「心知」即智力，「心術」是指內心的思想感情，上文大意為：人的感情是與生俱來，平時並無常態性的具體表現，但是當它接觸到外物，內心的感情便會激發起來，而有喜、怒、哀、樂各種情緒上的表現，所以當音樂或外物之形體表現為「逆氣」時，內心之情緒隨即反射以嫌惡或哀戚之反應，反之，外物若表現為「順氣」時，內心之情緒隨即反應安和、喜樂。

因為形法占之原理是把外物之形體轉化為聲音後，再以聲音來評斷其貴賤、吉凶，所以從「形體有處必有聲」之觀點來看，一個物體若為結構鬆散，形態不規則，或有殘缺，則當風動或氣動時所發出來的聲音，必定違反秩序與和諧之規律，所以會讓人產生「逆氣」，進而有哀戚、嫌惡之情緒產生；「逆氣」在樂代表淫樂，為賤，為凶。反之結構完整無缺、形態優美之物體所發出之聲音必能

致中和，讓人產生「順氣」，進而有平和、喜樂之情緒產生。所以「順氣」在樂為和諧，為貴，為吉。因為順逆二氣的產生源本於心。所以《樂本》說：「樂者，心之動也」，又說：「情動於中，故形於聲」，表示音樂所表現的是人心在外物作用下之動態，也就是心情的運動與變化。所以聲、心、物三者在運動中就展現聲動、心動、物動之特徵及同態同構之對應關係。

從本章的討論當中可以了解古人所謂風水的定義其實就在尋找一處合於風水條件的地形景觀，這些條件包括：

1.地勢平坦。
2.以江河湖澤為界。
3.四面圍合不透風。
4.四面山水盈盈向我而有情。

經由這些條件所組合而成的地形景觀，就是一種盆地形的地理環境，也是合於風水理論所產生的地理模式。從外在的地理環境，探討其存在之內涵時，我們發現其中隱含著天人合一理論的必要條件，也就是「秩序」與「和諧」之特性。

從蔡元定〈感應篇〉的論述當中，我們了解到要達到天地人合一的同步感應關係之要訣在於「心」，即當一個人的心性修養能合於德禮之標準時即能與天地和同，產生異質同態同構的共振關係，進而尋得合於風水條件之地形景觀。這種尋龍點穴的方法，已經跳開「術法」之範圍，達到所謂萬法非法，以心為法之境界。但是當我們合併《發微論·向背篇》所云：「向背者，言乎其情性也。……其向我者，必有周旋相與之意，其背我者，必有厭棄不顧

之狀。」來探討其中之原理時可以發現形法占之形體感應理論和班固《漢書‧藝文誌》所記載:「形人及六畜骨法之度數,器物之形容,以求其聲氣貴賤吉凶。」最大的不同點就是其占斷之方法,已不必再將物體之形態結構轉化為聲音去作貴賤吉凶之論斷。而是在《樂言》:「應感起物而動,然後心術形焉。」之理論基礎上,直接由外物與心之間去作感應,其屬於「順氣」者為合於風水條件之地理景觀,反之屬於「逆氣」者為非。這是形法占自漢代以來至宋代所展現理論上最大的不同點所在。這也印證了南宋晁公武《讀書後志》所云:「以人姓五音,驗八山三十八將吉凶之方,其學今世不行。」之說法應屬正確。

第七章　生氣感應論

　　《葬經》的風水理論當中最令人感到不解的疑問有兩個，其一
就是「葬乘生氣」之目的何在？在一般人的想法裡面，人死不能復
生，死人要這股生氣又有何用？其二就是「反氣納骨」的思想原理
又是什麼？這些疑問在古籍文獻和相關之注解當中並沒有提出一個
合理的解釋，本章在從道家思想和生命多重結構理論尋求解答的當
中發現：原來葬乘生氣之目的就是在於反氣納骨，而反氣納骨之原
理在於道家之重生和歸根返元之思想，相關的機制在於同構與同態
感應，而貫穿其間主導其成效的就是「心靈」。

第一節　葬乘生氣之目的

　　風水理論當中的乘生氣理論與庇蔭子孫之原理，根據《葬經》
記載：

> 葬者，乘生氣也。五氣行乎地中，發而生乎萬物，人受體
> 於父母，本骸得氣，遺體受蔭。經曰：氣感而應，鬼福及
> 人，是以銅山西崩，靈鐘東應。木華於春，栗芽於室。蓋
> 生者氣之聚，凝結者成骨，死而獨留；葬者反氣納骨，以
> 蔭所生之法也。

　　上文中關於生氣之定義，在第二章〈氣論〉中已有說明；為存
在於大地之中，經陰陽二氣交媾所形成之新物質，這些新物質存在
著無窮的能量得以讓萬物生長，所以葬乘生氣就是要讓先人骨骸乘
得這股生生不息的能量，只是讓我們感到疑惑的是：人死後生機全

無葬得這股生氣目的何在？其思想淵源為何？

　　道教研究學者詹石窗先生從道家思想出發，在《道教風水學》中指出道教繼承老莊之思想，認為宇宙萬物之本源在於「氣」，有氣則生，無氣則死。故所謂「乘生氣」之目的其實是在尋求自然之生機，而《葬經》中的「形止氣蓄，化生萬物，為上地也」，就是為了化生；化生之源就是在於氣，道教中追求長生不老涉及到人與自然相關之一切活動都是為了生，在陽宅方面，選擇居址是為了有利於生存；在陰宅方面，道教「送死」是為了來生。因此葬乘生氣之理論，具有重生之意義隱含在裡面[1]。

　　同樣是重生之概念高友謙先生在《中國風水》[2]中提到：「視死如生，乃至祭死祝生，正是人類死亡觀的精髓所在」，認為風水這一主要以死亡為主題的文化現象，其原型應和婦女生產有關，具有再生方面的象徵意義，並舉《葬經》的「藏風聚氣」猶如婦女懷胎畏懼風寒，所謂「婦女多因風冷而生諸疾」[3]必須四面包藏不受風吹始能保全，宋代醫學家陳自明在他的《婦人大全良方》中也認為風冷會造成婦女不孕：「乘風取冷，或勞傷過度，致令風冷之氣乘其經血，結於子臟（即子宮），子臟則冷，故令無子也。」[4]因此從婦女懷胎不能感受風寒之理論，外推至符合風水定義之地形景

[1] 詹石窗（1994）。《道教風水學》，頁97。台北：文津出版社。

[2] 高友謙（1992）。《中國風水》，頁23。北京：中國華僑出版社。

[3] 齊仲甫（1986）。〈女科百問〉。引自《珍本醫學集成》，頁16。上海：上海科學技術出版社。

[4] 陳自明（宋）（1985）。《婦人大全良方》，頁287-288。北京：人民衛生出版社。

觀（即大地母腹）也須包藏周密以保證亡靈儘快轉生。高友謙從《葬經》：「風水之法，得水為上，藏風次之」以文化層面來解釋對亡靈而言，「藏風」可以提供呼吸之氣，「得水」可以提供胞中羊水，氣水俱備，故亡靈可以儘速投胎轉世。這也就是葬死即葬生之原理，基本上這種說法和前面道家「化生」之理念有相通之義。

從追求「來生」這個觀點來看，吳澄注說：

以父母遺骨藏於融會之地，由是子孫之心寄託於此，因其心之所寄，遂能與之感通，以致福於將來也。是知人心通乎氣，而氣通乎天。以人心之靈，合山川之靈，故降神孕秀，以鐘於生息之源，而其富貴貧賤，壽夭賢愚，靡不攸系。至於形貌之妍醜，並皆肖象山川之美惡，故嵩岳生申，尼丘孕孔，豈偶然哉？
圖葬於吉地之中，以內乘生氣，外假子孫思慕，一念與之吻合，則可復其既往之神，萃其已散之氣。蓋神趨則氣應地靈而人傑。

從吳澄之注解可以發現到，其中隱含著在生之人企求死後能重生，以及重生後能為俊美之優秀人才，並得榮華富貴之熱切盼望。所以吳澄認為只要子孫之心能本於孝道，時時感念先人，則在「人心」與「地中先人骨骸」之聯合作用之下，可以感召散於大氣中先人故往之神魂，從而天地人合一，在共振感應之基礎上，已故往之先人得以重生，所謂的重生在古人的概念裡應該具有兩方面的意義：一為凝聚已散之神氣成為另一種生命的存在形式；一為重新投胎轉世成為本家族之後代子孫，同時因為受到山川靈秀之地形環境

感應，所以重生後成為優秀傑出之人才，並享盡榮華富貴，這種說法正是《葬經》所謂葬乘生氣之目的。因此《葬經》云：「山者，勢險而有也。乘其所會審所廢，擇其所向，避其所害，是以君子奪神功，改天命。」這句話其實就是道教經典《抱朴子內篇‧黃白》所云：「《龜甲文》曰：我命在我不在天，還丹成金億萬年。古人豈欺我哉？」以積極的態度向大自然挑戰追求重生之哲學。

　　在前面第二章〈生命演化論〉中我們談到老子的宇宙論認為「道」為萬物之終極本源，而「道」來自於「無」，所以老子說：「無名天地之始，有名萬物之母」，「萬物生於有，有生於無」，也就是說所有的一切都是從「無」開始，然後，再依序從「道生一，一生二，二生三，三生萬物」而有宇宙生命萬象之產生，但是漢末道家魏伯陽卻於《周易參同契》中提出「歸根返元」之說法❺，認為世間萬物均有「生」、「長」、「壯」、「老」、「死」之過程，因此人的衰老和死亡乃是自然規律，所以如果想要追求重生與長生不死，就必須對自然規律提出挑戰，因而提出宇宙的演化也可以是可逆的命題，因此道教哲學認為老子的道是屬於先天的，同時也是後天的萬物之母。宇宙從先天的「無」演化為後天的「有」是屬於「順生」；若從後天的「有」逆還為先天的「無」就是屬於「逆生」，「逆生」就是「歸根返元」，從後天返回先天，按陳致虛注《參同契》云：

　　太極之分，返回先天，有後天。何謂先天？形而上者謂之道，以有入無也。何謂後天？形而下者謂之器，從無入有

----

❺胡孚琛（1995）。《魏晉神仙道教》，頁264。台北：商務印書館。

也。老子曰：無名天地之始；有名萬物之母。海蟾云：從無入有皆如是，從有入無有幾人？……世人順行後天之道，故一生一死而輪轉不息。聖人善逆用先天之道，故致知格物為正心修身乃長存而不泯。數往者，順；知來者，逆。故《易》之道，逆數也。又云：順行陰陽，生人生物；逆用陰陽，必成金丹，此原理也。

也就是說，長生之道在於逆向修煉，按道家之說法，修煉之意義有二：一為修養，即修真養性使先天的精、氣、神不致虧損；二是鍛鍊，即透過練習各種功法，使後天的精、氣、神返還為先天，逐步積精化氣，煉氣化神，煉神還虛，煉虛合道，然後合道成仙，這就是道家「返元歸根」強調生命逆向演化的思想與修煉過程。

詹石窗先生從風水景觀之內涵認為：葬乘生氣在道家思想而言就是重生的意義。而高友謙先生從婦女胎產怕受風寒之原理認為風水景觀之外形具有包藏周密不透風之特性，故可提供亡靈轉世投胎之條件。同樣的觀點，日人渡邊欣雄例舉風水之地形景觀如**圖**八，猶如女性之下腹部，具有讓家族繁衍之象徵意義[6]。後二者的看法可能是認為人的出生和轉生都是借由女陰來實踐，因此以山體比喻女體在人文上產生連想作用。這種以象解象的說法被20世紀初歐美人類學家Frazer稱為「類感巫術」，為屬於「非科學」的因果關係論[7]。

---

[6] 渡邊欣雄（1999）。《東方社會之風水思想》，頁89-90。台北：地景出版社。

[7] Frazer, James George (1911). *The Golden Bough: A Study in Magic and Religion*,*1*,143。

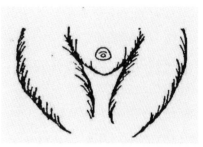 

鳥致院附近的某母性墓，青龍白虎宛如雙　　　　黃海道長壽山驛東方母性墓
腿，墳墓定位在下腹部的下方

圖八　山體與人體之類比

這些論述都是從人文思想出發，採用類比之手法把山體當成人
體然後賦予生育或轉生之意義，再從文化思想上尋求解釋，其間並
無具體的哲學的內涵，因此很容易落入空談的迷思當中❽。

在古籍經典方面亦有把山脈之形體類比為女性懷胎之說法，
如《青囊海角經》云：「認氣於胎育，看胎息星……全胎、保胎、
破胎，是為做法。」《雪心賦》亦云：「倘如龍虎護胎，不過穴則
為漏胎。」清代孟浩然注解的《雪心賦正解》曰：「胎，指穴言，
如婦人之懷胎……；息，氣也，子在胞中，呼吸之氣從臍上通於母
之鼻息，……故曰胎息。……孕者，氣之聚，融結土肉之內，如婦
人之懷孕也。育者，氣之生動，分陰分陽，開口吐唇，如婦人之生
產也。」只是這些類比，有其思想之理論基礎，並非完全憑空想
像，按上文經典中有關「胎息」之用詞，語出葛洪《抱朴子‧內篇

❽ 本圖引自楊昭譯（1999）。渡邊欣雄著。《東方社會之風水思想》，頁
　90。台北：地景出版社。

釋滯》：「故行炁或可以治百病，⋯⋯或可以延年命。其大要者，胎息而已，得胎息者，能不以鼻口噓吸，如在胞胎之中，則道成矣。」葛洪從道家修煉的角度認為：嬰兒初生時以臍和母體相連，故臍是人體生身受命之處，所以人如能模仿胎兒以臍呼吸，將真氣聚於臍下三寸則真氣自能旺盛，凡氣（陰）消退，成為純陽（元氣）之體，如此便能與道融合為一體，合真成仙。這是道家返元歸根的胎息法門。只是山與人畢竟不同，我們不禁質疑從實質上而言，符合風水定義之地形，是否有如《周易參同契》中所提出「歸根返元」逆用陰陽，如人體修煉之實踐過程？按蔡元定於《發微論‧順逆篇》云：

> 「順逆者，言乎其去來也。其來者何？水之所發，山之所起是也。其去者何？水之所趨，山之所止是也。要知順山順水者，順也，所謂來處來者是也；逆山逆水者，逆也，所謂去處去者是也。立穴之法，要順中取逆，逆中取順，此一定之理，不可改易。」

又云：

> 「順龍之穴結必逆，逆龍之穴結必順，此亦山川自然之勢也。」

從文中可知：山脈行止結穴之理和道家「歸根返元」相同，也是逆用陰陽的實踐過程，這也證明《葬經》開宗明義所云：「葬者，乘生氣也」，其目的確如吳澄所注為重生及來世之榮華富貴而來。

第二節　葬乘生氣之原理

　　《葬經》中另一個值得探討的問題是為何先人骨骸乘得生氣以後可以庇蔭子孫？針對這個問題《葬經》提出兩種解釋：一為「氣感而應」；一為「反氣納骨」。

　　如果從先後關係來作論述的話，應該是先有「反氣納骨」，再有「氣感而應」。首先從「反氣納骨」說起；按照《葬經》的解釋：「蓋生者氣之聚，凝結者成骨，死而獨留；葬者反氣納骨，以蔭所生之法也。」句中「蓋生者氣之聚」語出《莊子・知北遊》：「人之生，氣之聚也；聚者為生，散則為死。」之通天下一氣理論。在莊子的理論基礎上，《葬經》認為「葬乘生氣」就是氣返回骨中，按照莊子的說法，「氣聚為生」，因此「反氣納骨」似乎是在說明另一種生命存在的形式，也就是延續莊子天下萬物本同一氣所生的「物化」思想，因此在莊子的眼中生命的存在應該是不拘任何形式。所以吳澄的注解當中就含有相當大成分的「物化」和道家「歸根返元，逆用陰陽」之思想在裡面，吳澄注曰：

　　乾父之精，坤母之血，二氣感合，則精化為骨，血化為肉，復藉神氣資乎其間，遂生而為人。及其死也，神氣飛揚，血肉消潰，惟骨獨存。而上智之士，圖葬於吉地之中，以內乘生氣，外假子孫思慕，一念與之吻合，則可以復其既往之神，萃其已散之氣。蓋神趨則氣應，地靈而人傑，以無為有，借偽顯真，事通陰陽，功奪造化，是為反氣入骨，以蔭所生之法也。

吳澄的注解歸納起來有如下之重點：

第一，生命的組成包括骨肉與神氣，人死後神氣散逸，血肉消融，只留下骨骸。從注解當中可以了解吳澄的生命觀包含「物質」與「精神」兩個層面，這個概念大抵衍續自老莊思想，認為生命的終極本源來自於「氣」，所以在物質層面，父母之精血可以經由陰陽二氣之交合，從而在經過陰陽之氣化過程當中成為下一代之骨肉，這是從老子：「道生一，一生二，二生三，三生萬物」[9]以及莊子：「人之生，氣之聚也；聚者為生，散者為死」[10]和「氣變而有形，形變而有生」[11]之通天下一氣之理論而來[12]。

屬於精神層面的內含，吳澄認為是「神」與「氣」，有關「神」與「氣」的解釋，我們在第二章〈生命演化論〉中曾經引述牟宗三先生的說法認為：「神」隱藏在「氣」的背後，主導氣的運動狀態，讓整個氣化過程能夠在規則與秩序化當中完整的展現應有的功能，因此「神」的作用是隱藏的；「氣」的作用是明顯的。所以老子云：「神得一以靈，……神無以靈將恐歇。」[13]句中的「一」和老子「道生一」的「一」具有相同的意義，莊子解讀為是「氣」；「靈」是指功能的展現，句中的大意是說：「神」只有依靠「氣」才能顯現其功能的一面，否則神也就不存在。因此「神」

---

[9] 《老子·四十二章》。

[10] 《莊子·知北遊》。

[11] 《莊子·至樂》。

[12] 相關論述請參閱第二章〈生命演化論〉。

[13] 《老子·三十九章》。

與「氣」可以說就是氣化過程中的一體兩面，是「體」與「用」的關係，也是形而上與形而下之概念延伸。

若從生命多重結構的理論來探討的話，人的血肉之軀，屬於物質與能量的層面，為屬於生命的下層結構，至於生命的精神層面，按吳澄的注說：「復藉神氣資乎其間，遂生而為人。及其死也，神氣飛揚」的概念，句中所指的「氣」按《禮記‧郊特牲》：「魂氣歸於天」之說法，應該是指「魂氣」，也就是「靈魂」。在第三章〈氣論〉中我們已經探討過「神」就是「信息」，「靈魂」就是「心靈」，二者同屬於生命的上層結構，「心靈」與「信息」如影隨形，相伴而生，也是具有體用的關係，亦即心靈是藉由信息來展現其功能的一面，因此這種詮釋和古人的說法可以說是完全相通的。

第二，把骨骸葬得乘生氣之處，加上孝子賢孫的思念，當子孫之意念和骨骸與生氣產生共振時，即可將已經散失掉的神氣重新恢復聚集在一起，因為神與氣可以相互感應，所以乘得生氣之吉地，可以發揮應有的功能，產生優秀的人才。

吳澄的注解顯示出一個很重要的問題，那就是為何子孫的意念和乘得生氣之骨骸產生共振時可以重新召集已經散逸的神氣再度聚集在一起？吳澄的自我解釋是認為神與氣可以相互感應，所以吉地可以發揮地靈的作用，蔭生優秀的人才。這種說法似乎很難令人得到一個滿意的答案。所以要談神氣聚集之前，首先要了解在古人的概念裡神氣散逸後歸往何處？按照莊子的氣化理論：「聚者為生，

---

❹ 張載。《正蒙‧太和》。

散者為死。」莊子從通天下一氣的思想中認為氣散後是回歸到一氣當中，宋朝元氣論者張載說：「太虛不能無氣，氣不能不聚而為萬物，萬物不能不散而為太虛」[14]也是認為回歸到大氣當中。張載認為氣存在於太虛當中，只有聚和散兩種延續性的循環運動，因此從宏觀的角度來說，自然界中不會有氣之有無和物質產生與消滅之中斷性結論，這種說法相當符合莊子的「氣化論」思想。

清朝的王夫之發揮張載之思想，提出「精神之氣」永恆存在之觀點，於《張子正蒙注》中說：「聚而成形，散而歸於太虛，氣猶是氣也。神者，氣之靈，不離乎氣而相與為體，則神猶是神也……故堯、舜之神，桀紂之氣，存乎絪縕[15]之中，至今不易。」王夫之認為神氣散歸太虛後並沒有就此消失，所以善如堯舜，惡如桀紂之信息仍然存在於大氣之中。這是屬於靈魂不滅的思想。基本上並沒有背離莊子「通天下一氣」之理論。同時也和古希臘哲學家蘇格拉底的看法相同，認為死亡是靈魂與肉體的分離，靈魂是不能消失的物質，只是改變形式存在於「死亡國度」（呂捷譯，1999：63）。因此在莊子的思想脈絡延伸下，筆者以為「反氣納骨」之原理應該可以作如下之詮釋：

按莊子「通天下一氣」之理論，天地萬物皆為一氣所生，所以莊子云：「人之生，氣之聚也」，又云：「氣變而有形」，就是在說明氣所凝聚之處必能成為有形體之物質。在生物如「人」是如此，在非生物如「大地」也應是如此。所以就「人」而言，在古人的概念裡，生命的結構包括精神和物質兩個層次，精神層面指的是

---

[15]《字林》：「絪，陰陽和氣也。」

神（信息）與氣（心靈或生命功能），物質層次指的就是骨肉血脈，整個生命的運作是由精神層次來控制物質層次，所以人死後屬於物質層次的血肉筋脈將隨時間而消潰，只留下骨骸。而屬於精神層次的神與氣則返歸大氣之中，因此大氣之中可以說是充滿著各種各樣的神（信息）與氣（心靈或生命功能），這些神與氣有良善如堯舜者，亦有凶惡如桀紂者。

在「大地」而言，大地亦為陰陽氣化所生，所以若把大地視為有機體之生命的話，其生命亦應如人體一般有一定的結構，只是存在的形式不一樣而已。所以蔡元定於《發微論・剛柔篇》云：

> 《易》曰：立天之道曰陰與陽。邵氏曰：立地之道，剛柔盡之矣。……剛柔者，言乎其體質也。……水則人身之血，故為太柔；火則人身之氣，故為太剛；土則人身之肉，故為少柔；石則人身之骨，故為少剛。合水火土石而為地，猶合血氣骨肉而為人，近取諸身，遠取諸物，無二理也。

表示說大地也和人體一樣也有屬於物質層面的結構，至於精神層面按《青烏先生葬經》云：

> 內氣萌生，外氣成形，內外相乘，風水自成。……內氣萌生，言穴暖而生萬物也；外氣成形，言山川融結而成形像也。生氣萌於內，形象成於外，實相乘也。

表示屬於精神層面的就是隱藏在大地之中流動的生氣。如果從生命多重結構理論來解釋的話，屬於物質層次的就是指由包含金、

木、水、火、土五行之各種土石礦物所堆積組合而成之山體，屬於能量層次的就是經由這些土石礦物所發出之放射線。按蕭吉《五行大義·辨體性篇》云：

> 體者，以形質為名，性者，以功用為義，……故木以溫柔為體，曲直為性。……故火以明熱為體，炎上為性。……故土以含散持實為體，稼穡為性。……故金以強冷為體，從革為性。水以寒虛為體，潤下為性。[16]

所以屬於心靈層次的就是指具有金、木、水、火、土五行之性的生命功能，此處之功能與句中功用同義，因為土石之自由度與維度較低，因此它所釋放出來的信息，就是比較僵化，和具有體積之信息，因此古人在這裡所說的「生氣」就是指山的「心靈或生命功能」，而經由生命功能所發出之信息可以累積成能量，成為萬物生成之動力來源。所以《葬經》云：「五氣行乎地中，發而生乎萬物」指的就是這個道理。所以大地和人一樣具有相同層次的生命結構。

若從「有諸於內，形諸於外」這個角度來探討時，可以發現「人」與「地」之間具有共性關係，這種共性關係成為地靈人傑異質同構的感應基礎，以下分述之：

按照孟子的「踐形」理論，一個有道德修養的仁人君子，其舉止行為必定散發出道德的光輝，孟子稱此現象為「生色」。按《孟子·盡心篇上》說當君子「生色」時的現象為：「睟然見於面，盎

---

[16] 蕭吉（2003）。《五行大義》，頁35-36。台北：武陵出版社。

於背，施於四體，四體不言而喻」，也就是說君子的言談舉止具有道德涵義與精神向度。這種精神向度來自於人類所天賦之善心與善氣，當善心與善氣開始在體內流行後，人的身體存在向度也跟著改變，改變至極即是踐形之完成。孟子稱此境界為：「上下與天地同流」❼。也就是與天地之正氣融為一體的意思。

在大地而言，據《葬經翼》云：「氣者形之微，形者氣之著，氣隱而難知，形顯而易見。經曰：『地有吉氣，土隨而起』，化形之著於外者也。氣吉，形必秀潤，特達端莊；氣凶，形必粗頑，敧斜破碎。」又按《管氏地理指蒙·配祀第三》亦云：「神不能自顯，其神必藉山澤之氣以成，其吉凶之應，由山澤主之。」《管氏》這句話是從老子：「神得一以靈」推衍而來，句中的「氣」是「魂氣」，也可以說是「心靈」或「生命功能」，「神」就是信息，兩句話合起來解釋意思是說：山有山靈，水有水靈，無論是吉還是凶，它們都會發出屬於自己的信息，其為端莊秀潤者為吉，形態粗頑者為凶。這些都是由內而外所散發出來的信息。

所以大地和人體一樣，具有「有諸於內，形諸於外」之共性。按《黃帝內經·素問·生氣通天論》云：「天地之間，六合之內，其氣九州、九竅、五臟、十二節，皆通乎天氣。」表示無論是人還是大地均和天氣有所相通。《素問·六微旨大論》云：「氣之升降，天地之更用也……升已而降，降者謂天，降已而升，升者謂地，天氣下降，氣流於地；地氣上升，氣騰於天，故高下相召，升降相因，而變作矣。」這句話是在說明天地之間存在著陰陽二氣交

---

❼《孟子·公孫丑上》。

流的運動，所以按前面所云：王夫之認為大氣中充著各種樣態的神（信息）與氣（心靈或生命功能），這些神氣有良善如堯舜者，亦有凶惡如桀紂者。因此根據上面的理論，這些布滿大氣中之神氣應非毫無秩序的隨意分布，而應該是隨地形之形態而有所分別，即地形秀潤端莊符合風水定義之景觀，其存在之空間所布滿的應是良善如堯舜之信息，反之，地形凶惡粗頑不符風水定義之地形，其存在之空間必定充滿暴戾如桀紂之信息，所以《淮南子‧地形篇》云：

> 土地各以其類生。是故山氣多男，澤氣多女；障氣多喑，風氣多聾；林氣多癃，木氣多傴，岸下氣多腫；石氣多力，險阻氣多癭；暑氣多夭，寒氣多壽；谷氣多痺，丘氣多狂，衍氣多仁，陵氣多貪；輕土多利，重土多遲；清水音小，濁水音大；湍水人輕，遲水人重；中土多聖人，皆象其氣，皆應其類。

就是在說明人的形體和心性，與山川地理環境會產生異質同構的感應現象，這種現象來自於形氣相召之感應原理，所以不同的地理環境就會孕育出不同的人才。這種感應作用和骨骸是否葬得生氣應該是屬於不同層次的作用方式，如前所述秀麗山水形勢基於形氣相感之原理，自能感應大氣中之優質信息，從而孕生優秀之人才，也就是所謂的地靈人傑，反之，窮山惡水就能感應不良之信息，從而孕生頑劣粗賤之人。所以這種感應現象應是不待骨骸是否葬乘生氣而能自為，因此筆者推論吳澄注解：「復其既往之神，萃其已散之氣」的道家「歸根返元」思想應為有條件之設限，理由如下：

首先，如前所述各種不同的地形環境其存在之空間自有其相

應之神氣，用現代的話來解釋就是說：不同的地理形勢就會產生不同的信息場。所以符合風水條件之地形和秀麗山水存在之空間，必為充滿良善有秩序與和諧之信息。因此在這種地理環境設限之前提下，亡故先人之神氣將本於「類固相召，氣同則合，聲比則應」之原理，依其善惡之類屬和不同的地理空間所存在之信息場產生對應性的感應作用，也就是說其神氣為善者，必和秀麗山水產生感應，其神氣為惡者，必和窮山惡水產生感應。這也就是《葬經》所云：「銅山西崩，靈鐘東應。木華於春，栗芽於室」在同氣相應的原理作用下，所產生之感應現象。

　　因此在這種地形與神氣對應之前提下，即使子孫尋得秀麗山水之佳穴，作為葬親埋骨之所，但祖先生前若為德性不修，行如桀紂之人，則將無法如吳澄所注，達到歸根返元復萃其神氣之目的。因為其神氣與信息場不相容，會產生排斥之緣故也。這種觀點和日人渡邊欣雄所提出之「機械論的世界觀」❸——認為風水的作用力是超越道德的機械作用，和被埋葬者之「人格」無關——有很大的不同。

　　因此筆者以為符合道家的重生思想與歸根返元之理論必須建立在天地人合一之感應共振之條件下方能成立，首先在「天」而言，散歸於大氣中之神氣須為良善之信息，才能與符合風水條件之地形空間產生信息共振，所以亡故之先人生前須為良善有道德修養之人方能感應。其二在「地」而言，先人埋骨藏身之所須符合風水條件之地形空間，以便產生良善之信息以與先人之神氣產生信息感應。

---

❸ 詳本文第六章〈形、氣感應論〉第一節。

其三在「人」而言，在世之子孫，須為有德性之孝子賢孫，如此在感應先人之德時由心靈所發出之信息，才能與之吻合產生感應。

以上三個條件缺一不可，也就是說只有當天地人三者條件聚集，產生信息共振時，道家的重生思想才能實現，從而轉世為本家族之後代子孫。所以在《正統道藏》及《萬曆續道藏》等道教經典中，所收錄的《儒門崇理折衷堪輿完孝錄》。從書名「儒」、「理」、「孝」三字即可了解在道家之眼中堪輿與人性之修養是具有相當重要的連結，該書卷二第三十一章〈論選期正式〉云：「完孝之謂何？間有偶然之合，亦積德之家蔭久之，非誕術之力也」更是說明了道德修養與堪輿具有密不可分之關係。

其次，要探討的是祖先骨骸與在世子孫的關係。從近代物質科學的發展可以知道：植物細胞在一定的離體培養下，能誘導器官分化和植物再生；植物的一塊組織，一個枝條，同樣又可以發育成與母體完全相同的植珠；動物的體細胞在特殊條件下，也可以發育成一個與來源的動物完全相同的個體，如複製羊或複製牛等，從人類的發展史來看，類人猿、原史人、古代人、現代人也是經由不同層次的套疊關係所構成的，而每一層次又可以分為爺、父、子、孫等許多小層次，而人體的胚胎發育過程似乎又重演了生物進化的全部過程（張勇，1998），所以每個人應該都具有祖先之信息，先人骨骸和子孫之身體具有同構之特質，就好像是由同一張藍圖所建造而成的不同房子一樣。吳澄注解為：「父母骸骨，為子孫之本，子孫形體，父母之枝，一氣相應，由本而達支也。」所以從同構感應之原理，祖先骨骸在風水中的功能，就是具有定向之感應作用。也就是說先人之骨骸只會和本家子孫產生吉凶感應作用。因為骨骸為屬於物質，其所發出來的信

息古人稱為「魄」[19]，因為這種信息為屬於物質層次的波動，所以在傳遞的過程中會有衰減的現象，也就是說骨骸所發出的信息強度會和距離成反比，即距離愈遠，感應的程度愈低。因此筆者推測骨骸之所以會和子孫發生感應的原因可能有二：

　　其一就是以「生氣」作為信息的動力來源，「生氣」一詞按前所述筆者依生命多重結構理論，將其詮釋為山之「心靈」，因為心靈與信息相伴而生，因此山的起伏運動就是信息累積為能量的過程，所以《葬經》云：「形止氣蓄，化生萬物。」其實是表示當山脈停止運動時已經累積相當大的能量，而這個能量不僅可以讓萬物展現生機，同時也可以和骨骸結合成為信息傳遞的動力來源。

　　因為骨骸埋入土中後，已和大地結合成為一體，因此埋骨處的地形環境，自然成為一個信息場，如該處地理環境不符合風水之地形條件，而有缺陷時，該處缺陷之信息，亦會經由「生氣」傳遞給在世子孫，例如：北宋慶曆元年（西元1041年）名地理師吳景鸞被朝廷選授為司天監正，但因直言牛頭山上皇陵風水之不當，引起宋仁宗不悅慘遭下獄，直至宋仁宗死後才獲赦免，其論曰：「坤風側射，厄當國母，離宮坎水直流，禍應至尊下殿」。上句意指皇陵四周圍合不全，於坤（西南）方有山凹，邪風入侵，因坤屬老母，故占斷為國母有疾厄之難，「離宮（南方）坎水直流」表示有水自北向南直出，因坎屬中男，故占斷為皇帝有難，後來發生靖康之難，徽、欽二宗被虜，證實所言（張榮明，2000：254）。

　　本例說明祖先埋骨處所產生之信息場對後代子孫所造成之影

---

[19] 詳見本文第三章〈氣論〉。

響。因為這個信息場為屬於物資層次，所以筆者認為會影響子孫之身體健康。

　　其二就是吳澄所注：「父母遺骨藏於融會之地，由是子孫之心寄託於此，因其心之所寄，遂能與之感通，……嗚呼，非葬骨也，乃葬人之心也。」這種說法就是藉由子孫之「心靈」所發出之信息和骨骸產生感應作用，所以如果把子孫之心靈當成是「主體」，把祖先之骨骸當成是「客體」，則吳景鸞所論之「坤風側射，厄當國母，離宮坎水直流，禍應至尊」為「客體」發出信息感應「主體」，吳澄所注之「因其心之所寄，遂能與之感應」為「主體」發出信息感應「客體」，二者都有交互作用的力量在裡面，至於孰勝孰敗則在於心性道德修養上的實踐工夫。

　　因為心靈具有主動、自發之功能，往往一念之善就可以改變整個命運，即使身處逆境，亦可扭轉乾坤，重見光明，所以《發微論・感應篇》云：「是所以福其子孫者心也，而地之吉亦將以符之也。其惡果盈，天必以凶地應之，是所以禍其子孫者亦本於心，而地之凶亦將以符之也。」所說的就是這個道理。

　　綜上所述可以知道返氣納骨，源自於道家歸根返元之重生思想，而其成立條件在於天、地、人合一感應基礎上，而感應的原理，古人認為是同聲相應，同氣相求之一氣感召作用，在現代的說法就是物質上的同構感應與心靈上的同態感應，這些感應的原理就是信息波的共振原理，因此「返氣納骨」與「氣感而應」的關係，可以說就是原理與應用的關係，也是體與用的關係，而貫穿這些關係的就是「心靈」。心靈決定風水之成效，其關鍵在於一念之為善，與一念為惡，所以古人經常諄諄善誘於修身養性，從風水的角度觀之確實是其來有自，所言非虛。

第八章 結論

第一節　風水理論存在的信息感應關係

　　本文從風水理論當中舉出三個議題：(1)聲、氣信息感應；(2)形、氣信息感應；(3)生氣信息感應，以中國傳統哲學和生命多重結構理論來探討風水中的信息感應原理，其中聲、氣信息感應來自於《淮南子‧天文訓》：「堪輿徐行，雄以音知雌」，以及許慎注：「堪，天道也；輿，地道也」，表示堪輿係指天地運行的法則，而古人則從天地自然變化所發出的不同聲音，和經驗觀察的累積當中，掌握四時、五行、六氣、八風、十二節之循環演變，並進而在生活作息乃至人倫社會與政治制度作出與之同步的諧和運動，這種人與自然保持和諧的哲學思想稱為天人合一的宇宙觀。據三國孟康《漢書‧楊雄傳》注：「堪輿，神名，造圖宅書者。」句中的《圖宅書》現已失傳，但一般相信書中的內容所指的就是東漢王充在《論衡‧詰術》所批判的「圖宅術」（蔡達峰，1995：57；史箴、王其亨，1995）。其法稱為「五音姓利法」，是以人姓氏之宮、商、角、徵、羽五音，作為代表並轉化為金、木、水、火、土五行，再以五行生尅之原理，作為決定房屋或大門坐向之方法。其目的旨在利用聲音和天地自然取得諧調共振，是一種透過聽覺達到信息感應的方法。

　　形、氣信息感應來自於《漢書‧藝文志》：

形法者，大舉九州之勢以立城郭室舍，形人及六畜骨法之
度數，器物之形容，以求其聲氣貴賤吉凶，猶律有長短，
而各徵其聲，非有鬼神，數自然也。

　　按《漢志·數術略》占卜之分類共有：天文、曆譜、五行、蓍龜、雜占、形法等六類，其中形法是屬於相術，其內容包括相地形、相宅墓、相人、相畜、相刀劍、相土宜等，其法是從「象」的角度觀察人與物的特徵，包括形勢、位置、結構、氣度等等，作為評斷準則（李零，1999：35、36、85）。

　　《漢書·藝文志》在五行類中所提到的《堪輿金匱》十四卷和形法類《宮宅地形》二十卷現已散佚，但從託名東晉郭璞所著之《葬經》內容來看，其理論應當是延續形法占之占斷法則（蔡達峰，1995：95），即從「象」的角度來觀察山水量體之結構形狀和氣勢，是一種透過視覺達到信息感應的方法。

　　風水術於漢代曾有「堪輿家」與「形法家」之分，演變至唐宋以後則分為「理氣宗」與「形勢宗」兩大類。王充《論衡·詰術》中所敘述的五音姓利法係以陰陽五行生尅作為吉凶禍福之判斷依據，所以按清代丁芮樸《風水袪惑》和王禕《青巖叢錄》之分類為屬於「理氣宗」，而形法占則歸類為「形勢宗」（史箴，1995）。

　　生氣信息感應來自於《葬經》：「葬者，乘生氣也。五氣行乎地中，發而生乎萬物，……葬者反氣納骨，以蔭所生之法也。」按「生氣」一詞，筆者從《葬經》：「形止氣蓄，化生萬物為上地也。」把生氣之積蓄點詮釋為是能量的聚集所在，依照「生命多重結構」理論：能量係來自於信息波的累積所轉化而來，而信息波與心靈為一體兩面之同時存在，因此筆者從萬物皆有心靈之觀點認為「生氣」就是指山的心靈、山有山靈，水有水靈，所以「生氣」是屬於形而上的心靈信息感應。

第二節　風水與信息感應的交互作用
關係與原理

　　從《禮記・樂本》：「樂者，音之所由生也，其本在人心感於物也。」以及「樂者，心之動也。」和《呂氏春秋・大樂》：「音樂之所由來者遠矣，生於度量，本於太一。」等文獻資料中可以發現古人在探討音樂之本源時認為：音樂來自於自然萬物亦起自人心，而人心亦為認識萬物之本源，因此在心與物與樂同源同構的關係作用下，基於萬物同類相應之原理，而發生感應之現象。所以古人就把樂音的運動當成是氣的運動，按《禮記・樂象》：「凡奸聲感人而逆氣應之，……正聲感人而順氣應之……」就是以「順氣」和「逆氣」來說明心、物、樂三者之間的交互作用在情志上的反應。「順氣」表示樂為和諧、為貴、為吉，「逆氣」表示樂為乖逆、背節、為賤、為凶，這種評斷方式，來自於古人對天道自然循環演變的規律當中，所觀察體會的秩序與和諧之精神，這種精神後來被周王朝擷取為制禮作樂的內涵。因此在王充《論衡・詰術》所評斷的「圖宅術」即是以人的姓氏發音和大自然的聲音取得和諧作為房屋坐向選取之標準，這種方法演變為後來的「理氣宗」。

　　據《漢書・藝文志》提到以《宮宅地形》為代表之形法占：「形法者，大舉九州之勢以立城郭室舍，形人及六畜骨法之度數，器物之形容，以求其聲氣貴賤吉凶，猶律有長短，而各徵其聲，非有鬼神，數自然也」，也是以聲音在人心所感受到的「順氣」和「逆氣」之原理，轉化為視覺反應；以形貌結構端正、妍美者為順，以形貌結構不正、醜陋者為逆，把視覺對物體的形象結構和外

表型態之認知在內心所引起之感受，作為貴賤吉凶之評斷標準，這種方法演變為後來的「形勢宗」，換言之，古人就是把透過視覺和聽覺所得到的信息在內心所引起的反應，當作是風水好壞的判斷基準，而其判斷的原理則是來自於符應天道自然之秩序與和諧。李澤厚先生認為這是先民在勞動生產過程中，對各種自然秩序的形式規律逐漸熟悉、運用產生應和，所以才會產生同構同形之心理反應（2001：45、46）。

　　生氣信息感應，為屬於形而上的心靈感應，從聲、氣和形、氣信息感應的探討當中，可以知道經由聽覺和視覺所得到的信息，最後都歸諸於心靈之共振得到感應，而這種感應所得到的信息為具有秩序與和諧之信息，因此基於「類固相召，氣同則合，聲比則應」的信息共振原理，和莊子「通天下一氣」之思想，以及張載對氣的信息觀和王夫之的神氣永存觀點，筆者以為吳澄在《葬經》注中所提出的「神氣復萃」理論：「而上智之士，圖葬於吉地之中，以內乘生氣，外假子孫思慕，一念與之吻合，則可以復其既往之神，萃其已散之氣，蓋神趨則氣應，地靈而人傑。」這句話應該是在天、地、人合一之前提下才能成立，即祖先生前和在世子孫必須為心性道德修養良善之人，才能和好風水之信息場產生共振，從這個論點出發，筆者認為，當一個人心性道德修養能夠符應天道自然之秩序與和諧時，並不需要學習風水術法，只要透過信息感應原理，即可尋得符合風水條件之地理景觀，所以筆者根據本文之探討得出下列兩點結論：

　　1.天理、地理、人理三合一在秩序與和諧之基礎上所產生的信息共振是《葬經》「氣感而應，鬼福及人」可以成立的信息

感應原理。

2.風水的本質其實是人的心性與道德修養符應天道自然，並體現在人倫社會上的「秩序」與「和諧」，因此所謂的「鬼福及人」中的「福」，它的代表意義是天與人或人與人之間整體和諧的平安之福，並非世俗所追求的「榮華富貴」。

這兩項結論可以在《易傳・文言》對乾坤二卦的解釋當中得到論證：

1.《文言》乾卦九五爻：子曰，同聲相應，同氣相求，水流濕，火就燥，雲從龍，風從虎，聖人作而萬物覩，本乎天者親上，本乎地者親下，則各從其類也。

2.《文言》坤卦：積善之家必有餘慶，積不善之家必有餘殃，臣弒其君，子弒其父，非一朝一夕之故，其所由來者漸矣。

第一項是在講述萬物在同源同構的基礎上，產生信息共振的自然現象，第二項是在說明秩序與和諧及世道倫常密不可分之關係。

乾坤二卦為周易六十四卦之源頭與演繹之基礎，班固《漢書・藝文志》舉周易為「人更三聖，世歷三古」，在學術界素有群經之首的美稱，亦為經世濟世之寶典，世人常言風水源自易經，但卻少見具體的舉證與說明，本文的論證，正好彌補這個缺憾，當今社會基於功利主義，或有將「風水」視為追求榮華富貴之工具者，所以巧取豪奪者有之，兄弟鬩牆者，亦間有所聞，對於這些不良的社會現象，希望本文的結論能有不同面相的啟示作用。

參考書目

一丁、雨露、洪涌（1999）。《中國風水與建築選址》。台北：藝術家出版社。

亢羽（1999）。《易學堪輿與建築》。北京：中國書店。

王玉德（1994）。《神秘的風水》。台北：書泉出版社。

王玉德（1995）。《中華堪輿術》。台北：文津出版社。

王其亨（1995）。《風水理論研究(一)(二)》。台北：地景出版社。

王唯工（2002）。《氣的樂章》。台北：大塊文化出版社。

王復昆（1995）。〈風水理論的傳統哲學框架〉。引自王其亨著，《風水理論研究(一)》。台北：地景出版社。

王溢然、張耀久（2001）。《類比》。新竹：凡異出版社。

王蔚、戚珩（1992）。〈毀譽交加說風水：E.T.依特爾，風水──古代中國神怪的景觀科學評判〉。引自王其亨著，《風水理論研究(二)》，頁159-165。台北：地景出版社。

史箴（1995）。〈風水典故考略〉。引自王其亨著，《風水理論研究(二)》，頁13-31。台北：地景出版社。

牟宗三（2003）。《周易哲學演講錄》。台北：聯經出版社。

何高濟、王遵仲、李申譯（1983）。利瑪竇（Matteo Ricci）。《利瑪竇中國札記》。北京：中華書局。

余培林（2003）。《新譯老子讀本》。台北：三民書局。

呂捷譯（1999）。沃爾夫（Fred Alan Wolf）著。《靈魂與物理》。台北：台灣商務書局。

呂理政（1990）。《天、人、社會：試論中國傳統的宇宙認知模型》。台北：中央研究院民族所。

岑業森（1992）。《量子力學的基本原理與表象理論》。台北：亞東書局。

李日剛（2001）。《國學概論》。台北：文津出版社。

李亦園（1978）。《信仰與文化》。台北：巨流圖書公司。

李易儒（1996）。《易經之道》。台北：藍燈出版社。

李衍達（2001）。《信息世界漫談》。台北：牛頓出版社。

李零（1999）。《中國方術考》。北京：東方出版社。

李澤厚（2001）。《美學四講》。台北：三民書局。

村山智順（1931）。《朝鮮的風水》（朝鮮の風水）。朝鮮總督府（1972
國書刊行會・覆刻）。

林和譯（2002）。葛雷易克（James Gleick）著。《混沌：不測風雲的背
後》。台北：天下文化。

林素英（2003）。《禮學思想與應用》。台北：萬卷樓。

林德宏、張相輪（1997）。《東方的智慧——東方自然觀與科學的發
展》。台北：理藝出版社。

俞孔堅（1998）。《生物與文化基因上的圖式——風水與理想景觀的深層
意義》。台北：田園城市出版社。

姜靜繪譯（2000）。John Briggs & F. David Peat著。《亂中求序：混沌理論
的永恆智慧》。台北：先覺出版社。

胡小池（1984）。《中國葬儀風水俗傳——人死亡後的世界》。台北：武
陵出版社。

胡孚琛（1995）。《魏晉神仙道教——抱朴子內篇研究》。台北：台灣商
務印書館。

徐蘇斌（1995）。〈風水說中的心理場因素〉。引自王其享著，《風水理
論研究(二)》，頁51-61，台北：地景出版社。

索秋勁譯（2000）。渡邊欣雄著。《風水、氣的景觀地理學》。台北：地
景出版社。

高友謙（1992）。《中國風水》。北京：中國華僑出版社。

張光直（1986）。*The Archaeology of Ancient China*. Yale University Press.

張勇（1998）。〈宇宙全息律與氣功〉。《中國氣功科學月刊》，第4期，

頁14-15。

張載（宋）（1983）。《張載集》。台北：漢京文化。

張榮明（1993）。〈堪輿源流及其發展〉。引自顧頡、陳新主編，《堪輿集成》。重慶：重慶出版社。

張榮明（1994）。《中國古代氣功與先秦哲學》。台北：桂冠。

張榮明（2000）。《方術與中國傳統文化》。上海：學林出版社。

張穎清（1996）。《全息胚及其醫學應用》。台北：藝軒。

張鶴泉（1993）。《周代祭祀研究》。台北：文津出版社。

戚珩、范為（1995）。〈古城闕中的風水格局〉。引自王其亨著，《風水理論研究(二)》，頁97-126。台北：地景出版社。

梁雪（1995）。〈從聚落選址看中國人的環境觀〉。引自王其亨著，《風水理論研究(二)》，頁40-50。台北：地景出版社。

許之衡（1999）。《聲律學》。台北：學生書局。

許倬雲、陳天機、關子尹編（1999）。《系統視野與宇宙人生》。香港：商務印書館。

許焦一譯注（2000）。劉安（西漢）。《淮南子》。台北：台灣古籍出版有限公司。

陳可崗譯（2001）。Paul G. Hewitt著。《觀念物理Ⅳ：聲學、光學》。台北：天下遠見出版社。

陳自明（宋）（1985）。《婦人大全良方》。北京：人民衛生出版社。

陳國鎮（1995）。〈活性與佛性〉。《第三屆佛學與科學研討會論文集》。台北：圓覺文教。

陳國鎮（2001）。《身心極限的超越》。未出版。

陳國鎮（2003）。《又是人間走一回》。台北：圓覺文教基金會。

陳鼓應（2001）。《黃帝四經今註今譯》。台北：台灣商務書局。

陳鼓應（2003）。《道家易學建構》。台北：聯經出版社。

陳蒼杰譯（1997）。佐佐木茂美著。《認識氣的科學》。台北：大展書局。

陸雲逵（1987）。《中國鐘磬律學》。台北：中國文化大學出版部。

渡邊欣雄（1989）。〈關於沖繩民俗的親族體系——嘗試智識人類學的琉中比較研究〉（沖繩の民俗的親族體系について－知識人類學的琉中比較研究の試み－）。第二回琉中歷史關係國際學術會議實行委員會編，《琉中歷史關係論文集》，頁431-455。

渡邊欣雄（1997）。〈中國風水與東亞文明：社會人類學的論點〉。刊於王銘銘、潘忠黨編，《象徵與社會：中國民間文化的探討》，頁187-215。天津：天津人民出版社。

程路、李正明（1993）。《量子光學》。台北：亞東書局。

馮友蘭（1999）。《中國哲學史（上）（下）》。台北：台灣商務書局。

黃錦鋐（2001）。《新譯莊子讀本》。台北：三民書局。

楊昭譯（1999）。渡邊欣雄著。《東方社會之風水思想》。台北：地景出版社。

楊維傑（2011）。《黃帝內經素問譯解》。台北：志遠書局。

楊維傑（2011）。《黃帝內經靈樞譯解》。台北：志遠書局。

楊儒賓（1991）。〈支離與踐形——論先秦思想裡的兩種身體觀〉。引自《中國古代思想中的氣論與身體觀》，頁415-449。台北：巨流圖書公司。

葉春榮（1995）。〈風水與空間——一個台灣農村的考察〉。引自黃應貴編，《空間、力與社會》，頁317-350。台北：中研院民族所。

詹石窗（1994）。《道教風水學》。台北：文津出版社。

鈴木由次郎（1974）。《易經（下）》。東京：集英社。

廖公（1986）。《地理精英》。台北：武陵出版社。

趙建雄、王玉德（2003）。《風水術注評》。台北：雲龍出版社。

齊仲甫（1986）。〈女科百問〉。引自《珍本醫學集成》。上海：上海科學技術出版社。

劉沛林（2000）。《風水——中國人的環境觀》。上海：三聯書店。

劉長林（1993）。〈說氣〉。引自楊儒賓編，《中國古代思想中的氣論及

身體觀》。台北：巨流圖書公司。

劉清河、李銳（1992）。《雅風美俗之先秦禮樂》。台北：雲龍出版社。

歐崇敬（1993）。《中國科學之認知基礎》。台北：傳統思潮社。

潘定凱譯（1997）。麥可‧泰波（Michael Talbot）著。《全像宇宙投影三部曲》（第一部）。台北：瑠璃光出版社。

蔡仲德（1993）。《中國音樂美學史》。台北：藍燈出版社。

蔡達峰（1995）。《歷史上的風水術》。上海：上海科技教育出版社。

蔡達峰（2000）。《堪輿》。香港：中華書局。

鄭日晶、周軍譯（2000）。Paul Rookes & Jane Willson著。《知覺——理論發展與組織》。台北：五南出版社。

鄭世根（1993）。《莊子氣化論》。台北：台灣學生書局。

蕭吉（1993）。《五行大義》。台北：武陵出版社。

蕭志強譯（2003）。吉田正作著。《天才博士的量子力學探險》。台北：世茂出版社。

蕭登福（2001）。《先秦兩漢冥界及神仙思想探原》。台北：文津出版社。

顧頡、陳新主編（1994）。《堪輿集成(一)(二)》。中國神秘文化典籍類編（古今圖書集成‧藝術典）。重慶：重慶出版社。

戴國輝編（1986）。渡邊欣雄著。〈宗教與儀禮〉（宗教と儀禮）。《想更了解台灣》（もっと知り台灣），頁136-161。東京：弘文堂。

羅桂成（1998）。《唐宋陰陽五行論集》。台北：五洲出版社。

羅雋、何曉昕（2004）。《風水史》。台北：華成圖書公司。

Ahern, E. M. (1973). *The Cult of the Dead in a Chinese Village*. California: Stanford University Press.

Baker, H. D. R. (1965). Burial, Geomancy, and Ancestor Worship. In M. Topley (Ed.), *Aspects of Social Organization in the New-Territories*, 36-39. Hong Kong Branch of the Royal Asiatic Society.

Baker, H. D. R. (1979a). *Ancestral Images: A Hong Kong Album*. Hong Kong:

 風水感應的秘密

South China Morning Post.

Baker, H. D. R. (1979b). *Chinese Family and Kinship*. London: The Macmillan.

Brandt, V.S.R. 1971 A Korean village: Between Farm and Sea Massachu-setts: Harvard University Press.

De Groot, J. J. M. (1892-1910)(rep.1982). *The Religious System of China*. Taipei: Southern Material Center.

Edkins, J. (1871-2). Fengshui. *Chines Recorder Missionary Journal, 4*, 274-277.

Eitel, E. J. (1873). *Feng-Shui: Or, the Rudiments of Natural Science in China*. Hong Kong.

Feuchtwang , S. D. R. (1972). *An Anthropological Analysis of Chinese Geoman-cy*. Taipei: Southern Material Center.

Frazer, J. G. (1911). *The Golden Bough: A Study in Magic and Religion* (3rd ed.). London: Macmillan.

Freedman, M. (1966). *Chinese Lineage and Society: Fukien and Kwangtung*. University of London, The Athlone Press.

Freedman, M. (1979). *The Study of Chinese Society : Essays by Maurice Freed-man*. California: Stanford University Press.

Li, Y. Y. (1976). Chinese Geomancy and Ancestor Worship: A Further Discussion. In W. H. Newell (Ed.), *Ancestors*, 329-338. The Hague: Mouton.

Weber, M. (1947). Konfuzianismus und Taoismus. In *Gesammelte Aufsdtze zur Religionssoziologie,* 112-134. Tiibingen: Universitat Tiibingen.

風水感應的秘密

作　　者 / 簡崇濯
出 版 者 / 揚智文化事業股份有限公司
發 行 人 / 葉忠賢
總 編 輯 / 閻富萍
特約執編 / 鄭美珠
地　　址 / 22204 新北市深坑區北深路三段 260 號 8 樓
電　　話 / 02-8662-6826
傳　　真 / 02-2664-7633
網　　址 / http://www.ycrc.com.tw
 E-mail　/ service@ycrc.com.tw
 I S B N 　/ 978-986-298-307-2
初版一刷 / 2018 年 12 月
定　　價 / 新台幣 250 元

國家圖書館出版品預行編目資料

風水感應的秘密 / 簡崇濯著. -- 初版. -- 新
北市 ：揚智文化, 2018.12
　　面 ；　公分

ISBN　978-986-298-307-2（平裝）

1. 堪輿

294　　　　　　　　　　　　　　107020324